이

이성계 리더십의 비밀

박용근 지음

대흥정판사

이성계 리더십의 비밀

역사는 위기 속에서 발전해 나간다. 인생, 기업, 국가의 운명이 위기에 처했을 때 역사적 인물들이 펼친 행동들을 들여다보면 해결의 실마리가 보이는 경우가 있다. 그들은 백척간두의 상황 속에서 전략적 사고와 단호한 결단을 보여준다.

우리 역사 속에서 그러한 인물이 얼마나 될까. 필자는 한반도에서 최초로 혁명을 성공으로 이끈 태조 이성계의 '리더십'에 주목했다. 14세기 변화무쌍한 동북아시아의 정세속에서 구체제를 무너뜨리고 새로운 체제를 만드는데 성공했다. 이는 우리 역사에서 보기 드문 사례이다.

21세기 우리의 현대사만 살펴보아도 부동산, 교육, 사법, 국방, 경제 개혁 등 실생활에 밀접한 부분의 개혁이 얼마나 어려운지는, 실현된 사례가 드물다는 것을 통해 잘 알 수 있다.

조선과 대한제국이 외세의 침략을 받아 풍전등화의 위기에 처했을 때 우리 사회는 얼마나 많은 리더십의 위기를 겪었던가. 동학혁명, 갑신정변, 3.1운동 등 수많은 개혁운동이 펼쳐졌지만 혁신에 성공하지 못했다.

우리는 격동의 근현대사를 보내면서 이성계의 리더십에 주목하지 못했다. 때로는 사대주의자로, 때로는 고구려 영토인 요동을 포기한 장수로, 때로는 왕조를 배반한 반역자로 폄하되기도 했다. 남쪽에서도 북쪽에서도 각자가 처한 정치적 환경으로 인해 이성계라는 인물은 그의 실적에 비해 저평가 돼 왔다.

멸망으로 향하는 고려는 권문세족을 위한 나라였다.
당시 기득권을 누렸던 귀족들은 백성들의 농지를 빼앗으며 세금을 착취하는데 열을 올렸다. 고려는 백성들을 지켜줄 힘이 없었다. 이때 이성계는 고려 백성에게 새로운 시대정신인 '백성이 잘 사는 나라'라는 비전을 바탕으로 새 나라를 창업했다.

한 나라를 창업하면서 보여준 이성계의 리더십은 세계사적으로 찾아볼 수 없을 정도로 뛰어났다. 고려의 건국은 신라에 항복을 받으면서 이루어졌다. 후백제는 전쟁을 통해 멸망됐다. 그 이전의 모든 건국자들 역시 전쟁과 무력을 바탕으로 나라를 세웠다.

무엇보다 평화적인 정권교체가 가장 돋보인다. 그는 민심을 기다릴 줄 아는 인내심과 여론과 절차를 중시하는 리더십을 통해 무혈혁명을 이룩하게 된다.

군사정변을 통해 쿠데타로 정권을 잡은 것이 아니라, 선양(禪讓)이라는 방식을 통해 평화적인 정권교체에 성공했다. 정치적으로 대단히 세련된 방식을 택했다.

또한 그는 시대정신을 읽는 안목을 가지고 있었다. 이미 백성들의 마음에서 고려가 떠나있음을 직감했다. 상처받고 도탄에 빠진 백성들의 마음을 보듬어줄 새로운 그릇이 필요했다. 그것이 바로 '창업'이었다.

고려를 도탄의 지경에 빠지게 한 불교 대신에 성리학이라는 새로운 정치지도체계를 선택했다. 굶주림에 시달리고 있는 백성들의 배를 불리기 위해 농본주의를 바탕으로 경세제민을 실현한다.

사대교린(事大交隣)이라는 외교정책을 통해 국제적 정세 속에 조선이 나아가야 할 길을 개척해 나갔다. 그리고 참모들과 함께 조선의 청사진을 그리는 작업을 착수해 나갔다.

세계사적으로나 우리나라 역사에서 살펴보나 철저히 기획된 프로세스를 통해 개국을 실천한 창업가가 얼마나 될 것인가.

우리 사회는 명분만으로 선악을 나누는 유교적·교조적 가치관으로 역사적 인물을 폄훼하는 일들을 반복해오곤 했다. 역사에서 100% 무균질 순도를 가지는 인물은 찾아보기 힘들다.

21세기의 세계는 역사전쟁을 통해 자국의 리더십을 만들어 가고 있다. 미국은 200년 된 짧은 역사속에서도 끊임없이 '영웅만들기'를 시도하고 있다. 중국은 역사 속 인물들의 영웅상을 그려내며 공산당 통치에 적극 활용하고 있다. 일본은 만화와 애니메이션 제작을 통해 자국의 역사를 미화하며 끊임없이 리더를 만들어 영웅상을 재창조하고 있다.

태조 이성계만큼 격동의 한반도 정세에서 정치철학을 바탕으로 자신의 동지들과 이상국가를 만들어간 지도자는 없었다. 또한 이 과정에서 사욕을 챙기는 어리석음을 보이지도 않았다. 오히려 토지개혁을 위해 자신의 기득권을 포기하기까지 했다.

이미 출판계에서는 태조 이성계에 대해 다룬 책들이 제법 있다. 그러나 대부분의 책들이 역사적 사실(史實) 속 이성계에 주목하고 있다.
필자는 여기에서 나아가 이성계가 보여준 리더십 스토리에 더욱 관심을 가졌다.

그가 조선의 본향인 전북에서 펼쳤던 역사적 사실과 위화도 회군에서 조선 개국까지의 과정에서 보여주었던 리더십 스토리를 통해 현대인들이 이성계에서 배울 수 있는 리더십 코드(CODE)들을 꼽아보고 이를 현대적 리더십 관점에서 살펴보았다.

이성계는 14세기 동북아시아에서 명, 북원, 홍건적, 여진, 왜 등 다양한 세력에 맞서 싸웠고, 새 나라 창업에 성공했다. 21세기를 살아가는 우리들에게도 한반도는 중국, 미국, 러시아, 일본 등 강대국에 둘러싸여 치열한 외교전쟁을 치르고 있다.

이성계 리더십을 바탕으로 각자 분야에서 그 정신을 용광로처럼 녹여 활용해 보기를 기대해 본다.

모든 조직의 성패를 결정하는 것은 '리더십'이기 때문이다.

2020년 1월

박 용 근

"이 시대에 필요한 이성계의 리더십"

신정일 (문화사학자, 문화재청 문화재위원)

이성계는 1335년 충숙왕 4년 10월 11일 화령부에서 태어났다.

자는 중결仲潔, 소는 송헌松軒이었고 『태조실록』에 의하면 "나면서부터 총명하였고 콧마루가 높고 용의 상으로 풍채가 잘나고 슬기와 용맹이 뛰어났다"고 한다.

『용비어천가』에서는 키가 커서 우뚝 곧았으며 높은 코에 귀가 길었다고 묘사하고 있다. 이성계는 뛰어난 활 솜씨가 신궁의 경지에 오른 사람이있다. 그러나 이성계는 단순히 무예만 출중한 무인이 아니었다. 『태조실록』에 의하면 "이성계는 언제나 겸손하게 처신하고 남 위에 올라서기를 좋아하지 않았다"고 한다. 또 "사람을 대하면 혼연히 한 덩어리 화기和氣로 화하므로 사람들이 모두 사랑하였다"고도 한다. 이성계는 조선을 건국했는데, 이성계가 나라를 건국하기 전에 남긴 일화가 유독 전북에 많이 남아 있다.

전주는 이성계의 조상이 살았던 곳이라서 조선왕조의 관향이라 불리고, 포은 정몽주와 함께 왜구를 무찌르기 위해 왔던 곳이 남원의 운봉과 인월 일대였다.

진안의 마이산은 금척을 얻었다는 곳이며, 임실의 상이암은 이성계가 나라를 열기 위해 기도를 드릴 때, "앞으로 왕이 되시라"는 소리가 들렸다는 곳이고, 금강의 발원지인 장수의 뜬봉샘은 "새 나라를 열라"는 계시를 받았다는 곳이다.

여러 기록에 보면 이성계는 날 때부터 비범한 사람이었고, 사람들을 거느리는 통찰력이 남달랐던 사람이다. 또한 아랫사람들에 대한 애정이 유달라서 누구나 그를 보면 마음을 다해 따랐고, 신뢰했기 때문에 한나라를 창업할 수 있었다.

오늘날 신의가 무너신 시대에, 이성계의 아랫사람에 대한 무한한 애정과 신뢰가 바로 오늘날에 꼭 필요한 리더십이 될 수 있을 것이다.

전북에 산재한 이성계의 발자취를 찾아가며 기록한 이 책을 통해 진정한 리더십을 통한 통합과 사회와 인간에 대한 무한 사랑을 깨쳤으면 한다.

目次

프롤로그   4

추천사   7

CHAPTER 1 태조 이성계 리더십 코드(Leadership Code)의 발견   11

PART 01 창업을 통해 보여준 '혁신적' 리더십

오목대에서 '대풍가'를 부르다   22

이성계 선조 이야기   26

정도전과의 숙명적 만남   32

'토지개혁'으로 백성의 편에 서다   36

이성계, 새 나라 비전을 선포하다   45

창업자, 수성에 성공해야   51

조선의 국모, 신덕왕후 강씨   56

동아시아의 패권주자 이성계와 주원장   60

PART 02 솔선수범을 통한 '돌파의 리더십'

남원 황산대첩, 민중의 영웅으로 떠오르다   69

홍건적을 무찌르다   74

몽골의 신흥 군벌, 나하추와의 전투   77

요동정벌, 오녀산성을 점령하다   81

오녀산성을 점령하라   82

불운의 개혁군주 공민왕   88

최영과 이성계의 리더십   90

이성계의 전투부대, '가별초'   96

PART 03 결단을 통해 보여준 '상황적 리더십'

몽금척, 천시(天時)를 깨닫다   103
위화도 회군에서 보여준 태조 이성계의 결단력   105
국제정세를 읽는 탁월한 외교감각   112
동북아시아를 피로 물들인 왜구의 등장   114
고려의 영웅, 황산전투의 '이성계'   118
대마도를 정벌하라   120

PART 04 자신을 낮추는 '섬김의 리더십'

임실 상이암에서 '백성들의 목소리'를 듣다   126
겸양지덕(謙讓之德)의 이성계   128
겸손으로 왕위를 이어받다.   135
제왕(帝王)을 꿈꾼 '정치인' 이성계   137
경청할 줄 알았던 '유연한' 정치감각   142
이성계와 개국공신   144
왕건과 이성계의 '겸손'과 '포용의 리더십'   147

目次

PART 05 실력으로 보여준 '셀프 리더십'

뜬봉샘, 새 나라를 열기 위해 100일 수련을 하다   158
개경에서 새로운 세상에 눈뜨다   163
불세출의 신궁(神弓) 이성계   165
포용의 리더십   168
중원정복을 품에 안은 이성계의 '꿈'   171
이성계 용모에 대한 기록   176

CHAPTER 2 전북에 스민 이성계의 숨결을 찾아서

전주   조선의 모태(母胎)가 된 전주한옥마을   181
남원   황산대첩으로 고려의 영웅으로 떠오르다   209
임실   이성계, 하늘의 소리를 듣다   218
장수   봉황이 날아오르다   220
진안   신(神)으로부터 금척을 받다   223
완주   경기전 태조 어진을 지켜라   233
순창   태조 이성계의 밥상에 오른 순창고추장   237
군산   최무선의 화포로 왜구를 크게 무찌르다   239
부안   선계(仙界)를 보는 듯한 곳에 머문 이성계   242
무주   덕유산 신령이 이성계의 새나라 건국을 승락하다   244

CHAPTER 3 태조 이성계 관련 칼럼 / 기사

〈전북도민일보〉 칼럼   '이성계 역사문화테마밸리' 조성해야   249
〈전북일보〉 칼럼   고려말 왜구의 침입과 2019 경제전쟁   251
〈전북중앙신문〉 기사   "전북도, 태조 이성계 활용 역사문화테마밸리 조성을"   253

참고문헌   254

태조 이성계
리더십 코드(Leadership Code)의 발견

태조 이성계
리더십 코드(Leadership Code)의 발견

이성계는 역사적 순간마다 탁월한 리더십을 보여주었다. 혁신적 마인드로 창업을 차근차근 준비했다. 또한 자신이 선두에서는 돌파의 리더십을 통해 수많은 전쟁에서 승리했다. 인내심을 바탕으로 때(時)를 기다릴 줄 아는 상황 판단 능력이 뛰어났다.

태조 이성계는 1392년 한반도에 조선(朝鮮)이라는 새 나라를 창업했다.

그가 왕이 될 수 있었던 것은 시대의 흐름을 읽고 정확하고 과감하게 정치적 판단을 할 줄 알았기 때문이다. 또한 그는 유연한 성품으로 사람을 끌어 모으는 능력이 있었다. 그는 전장에 나가 패배를 모르는 훌륭한 무장이었다. 타고난 체격과 갈고닦은 무예, 전쟁을 승리로 이끄는 전략과 전술은 이성계를 왕으로 만든 바탕이 되었다.

이성계는 역사적 순간마다 탁월한 리더십을 보여주었다. 혁신적 마인드로 창업을 차근차근 준비했다. 또한 자신이 선두에 서는 돌파의 리더십을 통해 수많은 전쟁에서 승리했다. 인내심을 바탕으로 때(時)를 기다릴 줄 아는 상황 판단 능력이 뛰어났다.

이와 함께 겸손함을 유지하는 섬김의 리더십은 그의 빼놓을 수 없는 리더십 덕목이다. 마지막으로 자신의 소양을 갈고닦아 자아실현의 욕구를 실현해 나가는 '셀프리더십'을 통해 조선 창업이라는 대업을 이루게 된다.

이성계는 1335년 화령부(함경남도 영흥)에서 고려조의 삭방도(朔方道, 동북면 일대) 만호 겸 병마사인 이자춘의 차남으로 태어났다.

이성계가 무장으로 활동하던 14세기 중엽은 중국 내륙에서 명나라가 일어나 원나라 세력을 몰아내던 때였다. 고려는 이 시기에 원나라의 간섭에서 벗어나 세력을 확대하고자 했다.

이 때문에 원나라와 사이가 나빠져 자주 무력 충돌을 빚었다. 게다가 정세가 혼란한 틈을 타 북으로는 여진족, 남으로는 왜구의 침탈이 끊이질 않았다. 이성계는 이즈음 여러 전투에 참여해 전공을 세우며 고려 무장으로서 확실한 지위를 차지했다.

그의 창업의 무대는 힘의 균형이 늘 요동치고, 기존 질서에의 균열이 발생하는 변화가 무쌍한 변방이었다. 그는 원나라의 점령지인 쌍성에서부터 고려정부와 합심해 싸운 결과 쌍성총관부를 함락시켰다.
99년동안 원나라 지배를 받았던 땅을 고려에 복속시킨 것이다.
이어 장수 이성계는 고려를 침입한 홍건적을 격퇴했고 여진족 나하추 세력을 물리쳤다. 남원 황산에서 왜구를 무찔러 황산대첩을 이끌어 냈고 마침내 위화도 회군을 통해 조선 건국의 기틀을 마련했다.

이후 성리학을 기반으로 새로운 정치질서를 설계했던 개혁적 성리학자와 새로운 나라를 꿈꾸었던 백성들의 욕구를 담아내는 '통합적 리더십'을 통해 조선 건국에 성공했다.

위화도 회군이 펼쳐질 무렵(1388년) 이성계는 대학연의(大學衍義)를 읽고 있었다. 대학연의는 성리학의 제왕서다.

〈태조 이성계의 어진 (국보 제317호, 전주 경기전)〉

이성계리더십의 비밀 |

평생 전장을 누비며 살아온 무장이 군막에서 성리학 제왕서를 읽고 있었다는 것이다. 그는 성리학으로 새로운 국가이념을 세우는 나라를 꿈꾸고 있었던 것이다.

인간 이성계는 수많은 전쟁을 치르면서 끝없이 고뇌하고 방황하면서 역사에서 자신이 가야할 길을 찾고 있었던 것이다.

이 과정에서 태조 이성계는 지도자로서의 자질을 보여주고 있다.

필자는 이성계가 역사의 순간순간마다 보여주었던 태도들을 바탕으로 다섯가지 분야로 '태조 이성계 리더십 코드(Yi Seong-Gye, YSG Leadership Code)'를 분석했다.

태조 이성계 리더십 코드 YSG Leadership Code

구분	핵심 Core	비고
YSG Leadership Code 1	창업을 통해 보여준 '혁신적' 리더십	전주한옥마을 오목대
YSG Leadership Code 2	솔선수범을 통한 '돌파의 리더십'	남원 황산대첩
YSG Leadership Code 3	결단을 통해 보여준 '상황적 리더십'	진안 마이산
YSG Leadership Code 4	자신을 낮추는 '섬김의 리더십'	임실 상이암
YSG Leadership Code 5	실력으로 보여준 '셀프 리더십'	장수 뜬봉샘

PART 01

창업을 통해 보여준
'혁신적' 리더십

창업을 통해 보여준
'혁신적' 리더십

이성계가 꿈꾸어 온 나라에 대한 구체적인 설계서에는 '모든 백성들이 쌀밥을 먹는 민생정치'가 담겨 있고, 조준을 통해 과전법을 시행하게 된다.
모든 백성들에게 토지를 나누어 준다는 것은 지금도 상상하기 힘든 혁신적 정책이다.

인생의 기회는 좀처럼 오지 않는다. 하물며 역사의 순간에 다가오는 기회란 더 말할 나위 없다.

역사의 주사위는 그의 선택을 요구하고 있었다. 고려군 대장으로서 국경을 넘어 명나라와 한판 승부를 겨룰 것인지, 말머리를 돌려 하늘 아래 최고 지선의 자리를 넘볼 것인지 그의 선택에 달려 있었다.

고려를 수호할 것인가, 아니면 혁신적인 새 나라를 창업할 것인가. 이성계에게 이 문제는 삶을 관통하는 화두(話頭)였다.

당시 역성혁명(易姓革命)을 꿈꾼다는 것은 맹자의 방벌론(放伐論)처럼 감히 누구도 엄두조차 못 할 생각이었다. 구체제를 무너트리고 새로운 체제를 세우는 것이다. 자신의 목숨을 걸지 않고서는 해 낼 수 없는 일이었다.

이성계의 이러한 태도로 말미암아 그는 서서히 고려사회 혁신의 '아이콘'으로 떠올랐다. 고려를 무너뜨리고 새로운 나라를 세우고자 하는 이들이 점점

태조 이성계의 어진이 모셔져 있는 전주 경기전 모습

그의 곁으로 몰려들었다.

이성계가 가졌던 혁신적 사고의 키워드는 바로 '창업(創業), 성리학, 토지개혁(과전법)'이다. 이 모두가 과거 고려에서는 생각할 수 없는 혁신적 사고인 셈이다.

요즘 용어로는 이노베이션(Innovation)이라고 할 수 있다.

그의 마음속에서 꿈틀거리던 욕구가 처음 표출된 곳이 바로 전주 오목대이다. 남원 황산에서 대승을 거둔 이성계는 조상의 고향인 전주 오목대를 찾아 '대풍가(大風歌)'를 부르며 마음 한구석에 '창업'의 꿈을 분출하기에 이르게 된다.

그리고 정도전과의 운명적인 만남을 통해 자신이 꿈꾸는 나라에 대한 구체적인 설계에 들어간다.

그 설계서에는 '모든 백성들이 쌀밥을 먹는 민생정치'가 담겨 있고, 조준을 통해 과전법을 시행하게 된다. 모든 백성들에게 토지를 나누어 준다는 것은 지금도 상상하기 힘든 혁신적 정책이다.

야간 조명이 비치고 있는 경기전 모습

인생의 기회는 좀처럼 오지 않는다. 하물며 역사의 순간에 다가오는 기회란 더 말할 나위 없다.

역사의 주사위는 그의 선택을 요구하고 있었다. 고려군 대장으로서 국경을 넘어 명나라와 한판 승부를 겨룰 것인지, 말머리를 돌려 하늘 아래 최고지선의 자리를 넘볼 것인지 그의 선택에 달려 있었다.

이성계는 승산이 없는 싸움을 하는 것 보다는 새로운 나라를 창업하는 방향으로 자신의 선택지를 결정했다. 이성계와 조민수가 이끄는 5만 대군이 위화도에서 회군을 단행했던 것은 이미 판세가 이성계 쪽으로 기울었다는 것을 뜻한다. 우왕의 곁에 최영 장군이 있었지만 민심은 이성계 장군으로 모이고 있었다.

회군을 단행한 이성계는 일인자 자리를 두고 망설일 필요가 없었다.

위화도 회군의 파트너였던 조민수를 실각시키고 나서 이성계와 창업 지지파들은 빠르고 치밀하게 그들의 과업을 향해 움직였다.

그러나 고려는 500년을 지탱해 온 나라였다. 아무리 부패하고 무능했다 하지만 쉽게 열쇠를 넘겨주지는 않았다.

고려 왕권파와 이성계 세력간에는 무려 4년여 간의 권력투쟁이 진행됐다.

마침내 1392년 7월, 이성계는 조준, 정도전, 남은, 이방원 등이 추대하는 형식으로 새로운 왕으로 등극한다. 이로써 조선은 창업의 새 역사를 맞이하고 고려는 34왕 475년을 끝으로 막을 내리며 역사의 뒤안길로 사라지게 된다.

역성혁명파들의 정책이 얼마나 혁신적인 것이었는지 태조 즉위 11일 만에 관제개혁이 대대적으로 단행된 것만 봐도 잘 알 수 있다.

모든 준비 끝에 창업이 성사된 것이다.

14세기 동북아시아 창업 동기생인 명나라 주원장과는 '혁신적인 부분'에서 닮은꼴이 많이 있다. 먼저 도전을 즐긴다는 것이다. 둘 다 변방에서 활동하면서 세력을 키운 만큼 기존의 것에 안주하지 않고 새롭고 혁신적인 것을 추구했다.

주원장은 라마교를, 이성계는 불교를 몰아내고 각각 성리학을 기반으로 하는 나라를 창업했다. 자신들의 왕권을 강화하기 위해 몰두하기도 했다. 그러나 안타깝게도 후계구도에서 양 지 모두 실패하고 말았다.

이성계는 왕자의 난을 통해 왕좌에서 밀려나야 했고, 주원장은 사후 왕권 계승을 둘러싸고 황실 내부가 분열된다.

내전에 까지 휩싸인다. 묘하게 공통점이 많은 창업 동기생들이다.

이성계는 창업에는 성공했지만 아쉽게도 수성(守城)에는 실패했다.

후계 구도를 주도면밀하게 준비하지 못하면서 다섯째 아들인 이방원의 '왕자의 난'에 의해 태상왕으로 밀려나며 불운의 여생을 보내게 된다.

이는 오늘날에도 창업에 성공한 사람들에게 많은 교훈을 주고 있다.

오목대에서 '대풍가'를 부르다

전주 오목대 전경

고려 우왕 6년인 1380년, 이성계가 이곳을 다녀갔다.

남원 황산에서 왜구를 정벌하고 개선하는 길, 본향인 전주에 들러 종친들과 전승 축하잔치를 벌였던 곳이다.

서예가 석전 황욱 선생이 쓴 오목대 현판

이성계는 그 자리에서 호기롭게 '대

풍가(大風歌)'를 읊었는데, 자신이 새로운 나라를 세우겠다는 뜻을 나타낸 것이었다.

> 센 바람이 부니 구름이 높날리네. 〈大風起兮雲飛揚〉
> 위세를 세상에 널리 떨치고 고향으로 돌아가네. 〈威加海内兮歸故鄉〉
> 어떻게 훌륭한 군사들을 얻어 나라를 지킬까. 〈安得猛士兮守四方〉

고려 말엽 1380년, 왜구의 침략이 빈번해져 백성들이 불안에 떨자 우왕은 이성계를 전라, 경상, 충청 3도를 아우르는 삼도순찰사로 임명하고 남원으로 내려가 왜구를 소탕할 것을 명령한다.

당시 북쪽 거란족의 침입을 막아내며 국민적 영웅이 된 이성계는 백성들의 기대를 저버리지 않고 남원에서 적장 아지발도를 무찌르고 말 1,600필을 획득하는 황산대첩을 거두게 된다. 이후 왜구들의 조선 침략이 잠잠해진다.

남원에서 펼쳐진 황산대첩은 오늘날 전설처럼 전해지고 있다.

용비어천가의 기록을 보면 이성계가 첫 번째 화살로 아지발도의 투구끈을 끊은 다음 두 번째 화살로 이마 부위를 맞혀 투구를 벗기자 그의 부하 이지란이 화살을 날려 사살했다고 전하고 있다.

왜구를 전멸시키고 승리감을 만끽한 이성계는 개성으로 가는 도중 전주에 있는 오목대에서 전주이씨 종친들을 불러 모아 크게 잔치를 베풀었다. 집안 어르신들을 모시고 잔치를 벌이며 발밑에 펼쳐진 전주 시내를 바라보며 호탕한 모습으로 그 유명한 대풍가를 부른다.

대풍가는 한나라를 세운 유방이 자신의 고향인 패현(沛縣)에서 불렀던 그 노래다. 회남왕 경포의 반란을 진압하고 귀환하면서 도중에 고향에 들러 가속 친지와 어른들을 모시고 연회를 베풀며 취기가 오르자 스스로 노래를 지어 부른 것이다. 이때가 이미 자신이 한나라를 개국한지 11년이 되는 때였다.

젊은 시절에 그는 이곳에서 건달 생활을 하며 많은 비난도 받았지만 이제 황제가 되어 돌아온 것이다. 그는 고향의 옛 친구와 부로(父老, 동네에서 나이 많은 어른)들을 모두 불러 모아 큰 잔치를 베풀었다.

잔치가 무르익고 술기운이 돌자 깊은 감회에 젖어 축(筑, 현악기의 일종)을 치며 문제의 〈대풍가〉를 지어 부르며 춤을 추었다. 그뿐 아니라 고향의 아이들 120명에게 이 노래를 가르쳐 합창하게 했다.

한나라를 개국한 한고조는 왕권을 강화하기 위해 개국 공신인 한신, 팽월, 경포 등을 토사구팽(兎死狗烹)했다. 창업에 함께 한 동지들이, 사냥이 끝나자 사냥개 신세가 된 것이다. 전장에서 함께 한 장수들을 토벌한 유방은 '어떻게 용맹한 장수를 얻어 나라를 지킬수 있을까' 수심(愁心) 어린 마음으로 노래 한 것이다.

이성계와 유방이 처한 상황은 이처럼 달랐다.

이성계가 창업을 꿈꾸며 그 호기를 나타내기 위해 대풍가를 불렀다면 유방은 창업 공신들을 스스로 죽인 후 나라를 어떻게 지킬까 걱정하며 이 노래를 불렀다. 어쨌든 이성계는 자신의 본향(本鄕)에서 창업 선배인 유방을 생각하며 새 나라 창업의 멘토로 삼았음은 분명한 것 같다.

북방에서 거란족과 여진족을 무찌르며 승승장구하던 이성계. 북방 변방의 장수에 불과했던 이성계는 남원 황산전투의 승리를 통해 명실상부한 고려의 최고 실력자로 부상하게 된다.

무능한 정권에 실망했던 백성들은 외적을 물리치며 승승장구하던 이성계 장군의 '목자득국'(木子得國, 이씨가 나라를 얻는다)의 노래를 부르게 된다.

고려의 실력자로 떠오른 이성계는 도탄에 빠진 고려 백성들로부터 새로운 지도자로 추앙받는데, 금의환향의 심정으로 오목대에 올랐을 때 전주 이씨 종친들에게서도 새로운 나라의 개국을 권고받았을 것이다.

이때가 조선 건국 12년 전의 일이다. 600여 년 전 오목대에 오른 이성계는 어떤 심정이었을까. 그의 어깨 위에 놓여진 시대정신에 대해 그는 어떤 사명감을 가지게 됐을까. 오목대에서 그가 품었던 꿈과 비전은 새 나라 창업으로 이어지게 된다.

오목대 누각 옆에는 1900년대 고종의 친필로 새겨진 '태조고황제주필유지'(太祖高皇帝駐蹕遺址)라는 비각이 있다. "조선을 창업한 태조께서 말을 멈추고 머물렀던 곳"이라는 뜻이다. 왜 고종은 이런 비각을 세웠을까. 아마도 기울어져 가는 조선을 바로 세워야 하는 절박한 심정에서 태조 이성계의 기개를 그리워한 것은 아닐까.

전주의 오목대는 조선의 역대 왕들에게는 기개를 아로 새겨주는 일종의 모태였던 셈이다.

'자만금표'(滋滿禁標)라는 표석이 있다. 왕조가 살았던 곳이므로 아무나 이곳에 출입 할 수 없다는 표시나. 왕사를 일으킨 마을 주민들의 자부심을 느낄 수 있다.

'새로운 나라를 창업하겠다'는 꿈을 품은 이성계에게는 이것을 실현할 새로운 세력과 혁신적인 정치철학이 필요했다. 이성계가 꿈꾸는 나라의 설계서가 된 것이 바로 '성리학'이었고 그 정치철학으로 무장된 신진사대부가 정치기반이 돼 주었다.

　고려의 중심 종교였던 불교는 성리학으로 대체됐고 권문세족들은 신진사
대부들에게 권력을 넘겨주어야 했다.

　토지개혁을 단행해 백성들의 민심을 얻었다. 즉 성리학과 신진사대부 그
리고 토지개혁은 태조 이성계의 '혁신의 3종 세트'였던 것이다.

　그의 시대정신은 '위민정치'(爲民政治)로 구현됐다.

이성계 선조 이야기

이성계 선조들이 살았던 자만마을 모습

　이성계를 이해하기 위해서는 그의 선조에 대해 알아볼 필요가 있다.

　당시에는 집안의 세력이 곧 개인의 세력을 말해주는 때였기 때문이다.

　드라마 '육룡이 나르샤'로 잘 알려진 목조 이안사, 익조 이행리, 도조 이
춘, 환조 이자춘이 바로 그들이다.

이안사를 낳으니, 이 분이 목조이다. 성품이 호방(豪放)하여 사방(四方)을 경략할 뜻이 있었다. 처음에 전주(全州)에 있었는데, 그 때 나이 20여 세로서, 용맹과 지략이 남보다 뛰어났다. 산성 별감(山城別監)이 객관(客館)에 들어왔을 때 관기(官妓)의 사건으로 인하여 주관(州官)과 틈이 생겼다. 주관(州官)이 안렴사(按廉使, 도지사)와 함께 의논하여 위에 알리고 군사를 내어 도모하려 하므로, 목조가 이 소식을 듣고 드디어 강릉도의 삼척현으로 옮겨 가서 거주하니, 백성들이 자원하여 따라서 이사한 사람이 1백 70여 가(家)나 되었다. 〈태조실록 1권〉

자만마을에서 바라본 전주 시가지 야경

고려 무신시대 이의방과 그의 형 이준의가 피살되자 그들의 아우였던 이린은 화를 피해 전주로 낙향했는데 그의 손자가 바로 이안사다.

이안사는 성격이 호방하고 사방을 다스릴 수 있는 리더십이 있다고 기록하고 있다.

실록에는 이안사가 삼척으로 옮겨간 이유를 '관기'사건으로 짧게 기록하고 있지만 연려실기술을 보면 그 배경을 짐작할 수 있다.

이안사가 20살 될 무렵은 고려와 몽골이 전쟁 중이었고 고려 조정은 강화도에 천도했다. 고려 정권은 각 지방에 산성 방호별감을 파견했고 이들은 세금을 걷어 강화도에 보내는 역할과 지방군과 함께 전투를 지휘하는 역할을 수행했다.

이때 전주에 파견된 산성별감이 관기와 하룻밤을 함께 했는데 하필 이 관기가 청년 이안사가 사랑에 빠졌던 그 관기였다. 연려실기술에는 이들이 "언쟁을 벌였다"고 기록하고 있다.

순수했던 청년 이안사는 자신이 사랑했던 관기를 지키기 위해 욱하는 심정으로 관리에게 대항했지만 이로 인해 미움을 받아 야반도주를 감행해야 하는 사태에 이르게 됐다.

산성별감은 이안사를 벌주기 위해 도지사인 안렴사에게 의논해 군사를 내어 잡으려 했다. 이안사는 이를 피하고자 강원도 행을 결심하게 되는데 이때 그를 따르는 무리가 1천여명에 이르렀다고 하니, 젊었지만 리더십이 뛰어났던 것으로 파악된다.

삼척에 도착한 이안사는 배 15척으로 왜구를 무찌르기도 하고 몽골군과 맞서 싸우며 삼척지방의 유지로 세력을 키워갔다. 그런데 이것이 무슨 운명의 장난인가. 전주에서 악연을 맺었던 산성별감이 강원도 도지사로 온 것이다.

이안사는 그 산성별감의 영향력에서 완전히 벗어나기 위해 동북면으로 이주할 것을 결심한다. 재물은 배로 실어 날랐고 1백70여 가구는 육지로 동북면을 향했다. 그렇다면 왜 이 많은 사람들이 이안사를 따라 함께 이주했을까.

아마 그것은 이안사가 당시 백성들에게 신망(信望)을 많이 쌓았기 때문으로 추정된다.

고려 정부가 자신들을 몽골로부터 지켜주지 못할 때 "이안사와 함께라면 살 수 있다"라는 희망을 보여주었을 것이다. 그의 리더십에 많은 이들이 함께 한 것이다.

동북면으로 이주한 이안사는 "고려인이여 단결하라"라는 모토로 새로운 실력자로 부상하게 된다. 이때 강화도에 있던 고려 정부는 이안사를 동북면 병마사로 임명하게 된다.

도망자 신세에서 동북면 의주 병마사가 된 것이다.

몽골에서도 새로운 실력자로 부상한 이안사에게 러브콜을 보내게 된다.

몽골 지휘관인 산길대왕을 통해 귀순할 것을 회유했지만 이안사는 이를 거부했다. 그렇다고 이안사의 현실적 고민이 끝난 것은 아니었다. 실록에는 이안사가 두 번 거절하다가 결국 수락했다고 기록하고 있다.

이는 몽골군의 현실적 힘을 인정하지 않을 수 없었던 것으로 분석된다. 이안사는 도망자에서 병마사로 다시 대원제국의 천호장이 되는 인생의 변화를 겪게 된다. 이어 연해주와 두만강 일대에서 고려인과 여진족을 다스리는 다루가치의 벼슬을 받게 된다.

그는 20여 년을 이 지역을 다스리다 사망하게 되고 이어 19살의 익조 이행리가 뒤를 잇게 된다.

두만강 유역의 이행리의 세력이 커지자 여진족들이 이를 시기해 반란을 계획하게 된다. 이행리를 죽이고 그의 재산을 빼앗아 여진족들끼리 나누어 가질 것을 도모하게 된다. 고려인들과 여진족들이 함께 모여 살았지만 현재의 민족개념까지는 아니지만 동족(同族) 개념은 있었던 것으로 추정되는 대목이다.

지역 내 유력 여진족들은 "이행리는 본디 우리의 동류(同類)가 아니며 지금 형세를 보건대 나중에 반드시 우리에게 이롭지 못할 것이다"고 말했다.

그들은 20일간 사냥을 간다는 핑계로 이행리에게 허가를 맡은 후 다른 지역의 여진족을 모아 이행리를 공격하려 했다. 이 과정에서 이행리는 여진족

노파에게 이 사실을 듣게 되고 두만강을 따라 적도라는 곳으로 피신하게 된다.

피신하는 이행리에 대해 실록에는 이렇게 기록하고 있다. "북해(北海)는 본디 조수(潮水)가 없었는데 물이 갑자기 얕아져서 건널 만하므로, 익조는 드디어 부인과 함께 한 마리의 백마를 같이 타고 건너가고 종자(從子)들이 다 건너자 물이 다시 크게 이르니, 적병들이 건너지 못하였다."

사람들은 이에 대해 "하늘이 도운 것이고, 사람의 힘은 아니다"고 했다. 이행리는 동북면으로 다시 돌아와 고려인들을 중심으로 세력을 크게 키웠다.

이때는 고려가 원의 지배를 받는 간섭기였다. 원(元, 1271년)나라를 세운 쿠빌라이칸은 남송과 일본(카마쿠라 막부)이 연합하여 원에 대항할 것을 염려해 고려와 함께 1274년과 1281년 2차에 걸쳐 여몽연합군을 구성해 일본 정벌을 시도하게 된다.

이에 이행리도 여몽연합군에 협력하기로 한다. 이행리는 이때 고려 충렬왕을 만나게 되는데, 충렬왕은 이런 말을 남겼다고 한다.

"그대는 본래 고려에서 벼슬을 하던 집안의 사람이니 어찌 그 근본을 잊을 것인가. 지금 그대의 모습을 보니 그대의 마음이 고려에 있음을 내 잘 알겠노라."〈고려사절요〉

여기서 짐작컨대, 이행리는 고려인의 정체성을 잘 지켰던 것을 알 수 있다. 이 때문에 여진족의 공격도 받은 것이 아닌가 한다.

이행리의 아들이 도조 이춘이다. 조선왕조실록에는 도조가 조선왕조의 개창을 암시하는 꿈에 대한 기록이 있다.

도조의 꿈에 어느 사람이 말하기를. "나는 백룡(白龍)입니다. 지금 모처에 있는

데 흑룡(黑龍)이 나의 거처를 빼앗으려고 하니 공(公)은 구원해 주십시오." 하였다. 도조가 꿈을 깨고 난 후에 보통으로 여기고 이상히 생각하지 않았더니 또 꿈에 백룡이 다시 나타나서 간절히 청하기를 "공은 어찌 내 말을 생각하지 않습니까?" 하면서 또한 날짜까지 말하였다.

도조는 그제야 이를 이상히 여기고 기일이 되어 활과 화살을 가지고 가서 보니 구름과 안개가 어두컴컴한데 백룡과 흑룡이 한창 못 가운데서 싸우고 있었다. 도조가 흑룡을 쏘니, 화살 한 개에 맞아 죽어 못에 잠기었다. 뒤에 꿈을 꾸니 백룡이 와서 사례하기를, "공의 큰 경사(慶事)는 장차 자손에 있을 것입니다" 하였다. 〈태조실록 1권〉

도조의 뒤를 이은 환조 이자춘에 이르러 세상의 대변화가 일어난다. 바로 대원제국이 망국의 길로 들어선 것이다.

이자춘은 공민왕과 협력해 고려의 쌍성총관부 수복에 일등 공신이 된다. 부원배(附元輩, 원나라에 붙어 권세를 누린 세력)인 조소생을 몰아내고 쌍성총관부를 무려 99년 만에 고려의 땅으로 탈환하게 된다.

이자춘은 대국(大局)의 판세를 읽어낼 줄 아는 예리한 정치감각의 소유자였다.

당시 원나라는 '삼성조마호계'라 하여 원주민과 이주민을 분리해 호적을 작성하는 정책을 펼쳤다. 그것은 원주민을 우대하고 이주민을 고려로 돌려보내려는 저의를 가진 것으로서 이주민인 이자춘에게는 치명타가 될 수 있는 중대사안이었다.

이때부터 이자춘은 원나라와 완전히 손을 끊고 고려와 합심하게 된다. 쌍성총관부를 수복함으로써 이자춘은 동북면의 최고 실력자가 된 동시에 공민왕과의 파트너십을 형성하게 됐고 고려 중앙 정계에 진출하는 발판을 마련하게 된다.

반원정책을 펼쳐왔던 공민왕은 동북면에서 세력을 형성하고 있는 이자춘을 끌어들일 필요가 있었다. 이자춘과 공민왕의 이해관계가 맞아 떨어진 것이다.

이자춘은 동북면 탈환의 공로를 인정받아 '대중대부사복경'이라는 중앙 고위 관직을 하사받고 개경 진출의 기반을 마련할 수 있었다.

1361년 공민왕은 이자춘을 삭방도 만호 겸 병마사로 임명하는데 이는 사실상 함경도 일대의 통치권을 넘겨주는 것이나 마찬가지였다.

이자춘이 사망하자 이성계는 '통의대부 금오위 상장군 동북면 상만호'가 되었다. 약관의 나이에 정3품의 중앙 무관직과 동북면 지역을 다스리는 상만호(上萬戶)라는 두 직책을 맡게 된다.

아들 이성계는 아버지를 따라 쌍성총관부 전투에도 참여했고 스무살 무렵에 고려 수도인 개경을 방문하기도 했다. 이처럼 이자춘은 이성계가 성장할 수 있는 상당한 밑거름을 만들어 주었다.

정도전과의 숙명적 만남

정도전(鄭道傳, 1342~1398)은 한국 역사상 최고의 혁명가라 불릴만한 인물이다. 그는 이상을 꿈꾸었고, 그 이상을 실천할 나라를 만들었으며, 그 나라를 위해 자신이 가진 모든 지식과 노력을 쏟아 부었다.

그의 문집인 『삼봉집』의 키워드는 '경국(經國)'이었다. 그의 사상이 녹아있는 대표작인 『조선경국전』은 '어떻게 나라를 다스릴 것인가에 대한 책'이기도 한다. 조선을 만든 그는 위대한 사상가, 탁월한 실천가였으며, 신념을 가진 리더였다.

마흔두 살 되던 해인 1383년, 정도전은 '귀인'을 찾아 동북방으로 떠난다.

그가 찾아간 곳은 이성계 장군의 군영이었다. 일반적인 지식인 같았으면 최영이나 이인임 같은 사람을 찾아갔을 것이다. 이성계 같은 변방의 장수를 찾아간 것만 봐도 정도전은 특이한 사람이었다.

아마도 정도전은 이성계의 스타성을 이미 알아보았는지도 모른다. 잠재력을 가진 그를 만나 스스로 킹메이커가 되고 싶은 마음을 은연중에 품고 있었는지도 모른다.

처음 만난 이성계에게 대뜸 건넨 정도전의 한마디. 그 말이 〈태조실록〉에

文憲公三峯鄭道傳像

삼봉 정도전 초상화, 권오창 작

재를 간파하는 안목이 높았던 셈이다.

600여전 전 그가 이성계를 만나고 돌아갈 때 군영 앞 소나무에 새겼다는 글은 흔적 없이 사라졌지만 그 글은 기록에 남아 오늘에 전한다.

아득한 세월 한 그루의 소나무 蒼茫歲月一株松
몇 만 겹의 청산에서 생장하였네 生長靑山幾萬重
다른 해에 서로 볼 수 있을는지 好在他年相見否
인간은 살다 보면 문득 지난 일이네. 人間俯仰便陳蹤

책략가 정도전과 무장 이성계는 이렇게 만났다. 한쪽은 머리밖에 없고, 한쪽은 군대밖에 없는 두 사람이었다. 혼자의 힘으로는 더 큰 일을 할 수 없는 두 사람이었다.

그로부터 9년 뒤 두 사람은 구체제를 전복하고 신질서를 수립했다. 그 9년 동안 이성계는 정도전의 설계 하에 최대한 합법적이고 단계적인 행보를 걸었다. 이것은 아웃사이더들이 주류 사회의 최고 권력에까지 도달하는 데 필요한 전략적이고 세련된 행보였다. 그 행보 중에서 세 가지 사례만 살펴보자. [주1]

첫째, 명분 있는 군사행동. 최영과 동맹하여 이인임 정권을 붕괴시킨 뒤 이성계는 우왕과 최영의 명령에 따라 5만 대군을 이끌고 요동 정벌에 나섰다. 5만 대군을 이끈 이성계는 압록강 너머로 진군하지 않고 개경으로 군대를 돌린다. 이 과정에서 그는 시간을 기다리며 명분을 축적하는 모습을 보여주었다.

둘째, 당근 제공을 통한 민심 획득. 조민수와 공동정권을 수립한 이성계는 국민적 신망을 받는 최영 장군을 죽이고 우왕에 이어 창왕까지 폐위시켰다. 조민수 역시 권력에서 밀려났다. 이성계 단독정권을 수립하기 위해서는 부득이한 일이었지만 이로 인해 이성계 정권의 인기는 급락한다. 그러자 이성계 정권은 과전법이란 토지개혁을 통해 민심을 자기편으로 끌어들여 전세를 역전시킨다.

셋째, 저절로 왕이 될 때까지 참고 기다리기. 이성계는 1389년에 창왕을 폐위하고 공양왕을 추대했다. 그러나 공양왕은 의외로 만만치 않았다. 그래서 이성계 정권은 공양왕을 몰아내기로 결심했다. 하지만, 절대 무리수를 두지는 않았다. 이성계 정권은 왕실의 웃어른인 공민왕 부인의 결단을 빌려 정권을 인수했다. 고려 왕실의 웃어른이 공양왕을 폐하고 이성계를 왕으로 세우는 형식을 취했던 것이다.

둘의 만남은 정도전의 혁명이념과 이성계의 혁명무력의 만남이자 결합이

[주1] 정도전은 왜 이성계를 왕으로 만들었을까, 김종성, 오마이뉴스, 2013

었다. 이듬해인 우왕 10년(1384) 10년 만에 다시 벼슬길에 오른 정도전은 이성계의 후원으로 승승장구한다.

이성계는 정도전이 제시하는 새 왕조 개창의 비전과 명분을 대부분 수용했다. 그 핵심에는 토지제도 개혁이 자리 잡고 있었다.

정도전은 소수 권문세족이 독식하고 있던 토지를 환수해 백성 수대로 나눠주는 이른바 '계민수전(計民授田)' 정책을 펼쳐야 한다고 주장했다. 그야말로 혁명적인 토지정책이 아닐 수 없다.

이성계는 동북면에 많은 토지를 갖고 있는 기득권 세력이었다. 하지만 정도전의 토지개혁론을 선선히 받아들였다. 도탄에 빠진 민생을 구하기 위해서는 불가피한 정책이라고 판단했기 때문이다.

귀족만 배부른 나라 고려와의 차별화를 통해 백성들의 지지를 얻는 전략적 의미도 있었다. 하지만 동서고금을 막론하고 부와 권력을 가진 사람이 스스로 자기 몫을 내려놓는 경우는 극히 드물다. 그런 점에서 이성계의 그릇 크기를 가늠할 수 있는 대목이기도 하다.

1388년 5월 위화도 회군으로 극도로 어수선한 정국은 정도전의 기획에 의해 토지개혁 정국으로 전환된다.

그해 7월 같은 역성혁명파 조준이 토지개혁을 요구하는 상소문을 올린 것을 필두로 간관 이행, 전법판서 조인옥 등이 잇달아 사전 개혁을 주장하고 나섰다.

조선의 통치규범과 법제는 이성계의 왕사 정도전의 머리에서 체계화됐다. 정도전은 성리학적 이념에 바탕을 둔 왕도(王道)정치를 추구했다.

왕도정치는 무력과 강압에 의한 패도(覇道)정치와 달리 인(仁)과 덕(德)에 의한 순리의 정치를 말한다. 맹자의 핵심 정치사상이 바로 왕도정치다.

정도전이 당초 이성계를 새 왕조의 군왕 감으로 지목한 것은 그가 막강한 군사력뿐만 아니라 사람을 끌어안는 덕망이 높다고 봤기 때문이다. 따라서 정도전은 애초부터 왕도정치를 조선의 통치방식으로 정해뒀던 것이다.

군주는 나라의 어버이 구실을 하고 실제 정사(政事)는 현명한 재상을 중심으로 이뤄져야 한다고 생각했다.

왕조국가가 대대로 성군(聖君)만을 배출할 수는 없는 법이다. 때로는 무절제한 폭군이나 무능한 군왕이 옥좌에 앉을 수도 있다. 성리학적 이념을 바탕으로 하는 관료중심 정치시스템을 도입하면 이러한 폐단을 바로 잡을 수 있다고 생각했다.

이성계는 정도전을 전폭적으로 밀어줬다. 정도전의 정치구상은 어찌 보면 왕권을 제한하는 듯한 내용을 담은 게 사실이다. 하지만 이성계는 창업 동지이자 왕사인 정도전에 대한 신뢰가 바윗돌만큼 단단했다.

모름지기 용인술의 요체는 '의심스러워 믿지 못할 사람은 쓰지 말고, 일단 쓴 사람은 의심하지 말아야(疑人勿用 用人勿疑)' 하는 법이다. 그런 점에서 이성계는 참모 정도전과의 관계를 '신뢰와 위임'의 리더십으로 다졌던 셈이다.

정도전이라는 특급 참모가 가세하지 않았다면 주로 여진족으로 구성된 이성계 군단은 고려인들에게 야만적인 집단으로 비쳤을지도 모른다. 이성계의 군사력은 정도전의 정치력을 만나 세련된 형태로 구현됐다. 이성계와 정도전은 창업군주와 그 나라의 설계자로서의 길을 함께 가게 된다.

'토지개혁'으로 백성의 편에 서다

고려 백성들의 애환

고려 말 서민(庶民) 민중들의 삶은 어떠했을까. 그들은 전쟁의 수탈과 권문세족의 수탈로 인해 고달픈 나날을 보내야 했다. "입추(立錐)의 여지가 없다"는 말이 여기서 유래했다. 고려 백성들이 토지를 수탈당해 송곳을 꽂을 땅도 없다는 한탄의 말이다.

고려의 역사를 기록하고 있는 '고려사'

『고려사』 '식화지'에는 "호강(豪强)한 무리들은 끝도 없는 농지를 차지했지만 소민(小民)들은 일찍이 송곳 꽂을 땅도 없어서(曾無立錐之地) 부모와 처자가 다 굶주리고 서로 헤어졌으니 신 등이 심히 애통합니다"라고 백성들의 실태를 기록하고 있다.

『고려사』 '신돈열전'은 "(노비로 전락한) 백성들이 병들고 나라가 여위게 되었으며, 그 원한이 하늘을 움직여 수해와 가뭄이 끊이지 않고 질병도 그치지 않았다"고 비판하고 있다.

당시 고려 백성들은 귀족들의 토지 수탈로 인해 수확량의 9할을 세금으로 바쳐야 하는 상황까지 치달았다. 이를 견디지 못한 이들은 자신의 토지를 귀족에게 바치고 그들의 노예가 되거나 고향을 떠나 유랑생활을 해야 했다.

고려 말 가장 시급한 사회문제는 바로 '토지개혁'이었다. 토지는 현재 대한민국에서 '부동산 혹은 주택문제'에 비견될 만하다. 지금도 자기집 마련은 가장 큰 관심사이다. 역대 정부마다 부동산 정책은 최고의 핵심 사항이다. 부동산을 둘러싸고 '부익부(富益富) 빈익빈(貧益貧)'이 가장 큰 사회문제로 떠오르고 있다. 부의 양극화 문제는 우리 사회에 있어서도 개혁과제이다.

역사에서 개혁이란 어떤 의미일까. '개혁'이라는 단어에서 '혁(革)'은 가죽을 뜻한다. 동물의 가죽은 수많은 가공을 거쳐서 인간에게 유용한 성격으로 탈바꿈한다. 즉 바꾸고자 하는 분명한 생각과 목표를 가지고 수많은 노력과 실천과정을 거쳐 전혀 새롭고 보다 유익한 결과물을 창조해 내는 것이 개혁이다. '혁신', '혁명'이라는 단어도 '개혁'과 마찬가지로 변화에 방점이 찍혀 있다.

고려 말 전제(田制)는 공적인 의미를 거의 상실한 체 권문세족의 탐욕의 대상으로 전락했다. 이들은 배를 불렸지만 국가의 세금은 감소했고 백성들은 피골이 상접했다.

이성계, 토지개혁으로 정국을 돌파하다

드라마 정도전에서 땅문서를 개경 한복판에서 불태우는 장면

위화도 회군 이후 이성계 세력은 실권을 잡기 시작했다. 당시 민심도 "위화도 회군은 이성계의 어쩔 수 없는 선택이었다"면서 이성계에 대해 우호적이었다.

그러나 이성계가 최영을 유배 보내고 왕을 폐위시키려 하자 개성을 중심으로 민심은 싸늘하게 식어갔다. 최영은 어쨌든 고려를 지켜낸 영웅이었고, 왕은 백성들이 섬겨야 하는 하늘 같은 존재였기 때문에 이성계에 대한 민심이 악화되기 시작한 것이다.

이성계는 명분과 여론을 중시하는 정치인이었다.

이런 분위기 속에서 정국을 반전시키기 위해 이성계가 선택한 것이 바로 '토지개혁'이었다. 토지개혁은 혁명파의 오랜 숙원이며 정치철학이었다.

또한 토지개혁은 악화된 여론을 끌어올리고 지지율을 결집시키기 위한 혁명파의 아젠다로 활용되었다.

그 첫 번째 타깃은 위화도 회군을 함께 했던 조민수가 됐다. 그는 사전개혁을 반대했던 이인임 일파와 한패가 되어 백성들의 토지와 세금을 수탈해 백성들의 원망의 대상으로 전락한 상태였다.

이성계와 함께 위화도 회군으로 실권을 잡은 조민수는 자신의 권력을 바탕으로 백성들의 토지를 수탈했고 자신의 부귀영화를 지키기 위해 조준의 과전법을 묵살했다. 이에 대사헌 조준이 이를 탄핵해 유배를 보냈다. 이때가 1388년 7월의 일이다.

『고려사절요』에는 "(조민수가)사전개혁을 저해하므로 대사헌 조준이 논핵하여 내쫓았다"라고 전한다. 이성계의 집권에 걸림돌이었던 조민수를 조준이 토지개혁의 명분을 내세워 축출한 것이다.

이 시기 토지개혁을 둘러싸고 세 그룹으로 나누어진다.

첫 번째는 이색을 중심으로 하는 온건개혁파들이다. 이색은 개혁 자체를 넘어 역성혁명을 걱정했다. 또한 자신의 지지 세력인 고려 권문세력의 이익을 보호해야 했다. 이색이 볼 때 전제개혁은 전통적인 고려 지배세력의 몰락과 신흥세력의 득세로 판단했던 것이다. 고려 기득권 세력들은 대부분 토지개혁에 반대했다.

두 번째 그룹은 바로 조준, 정도전, 윤소정 등 토지개혁을 주창한 역성혁명파이다. 조준이 선봉에 시시 도지개혁을 쥬노한다. 토지개혁 만이 백성들의 민생을 돌볼 수 있는 정책이라는 철학을 가지고 있었다.

세 번째 그룹이 정몽주로 대표되는 중도파 세력이다. 정몽주는 이색과 이성계 사이에서 좌우우면한다. 스승인 이색을 반대할 수도 없었고 심정적으로 개혁에는 찬성했지만, 이성계 일파의 집권욕에 대해 의심을 품고 있었다.

정몽주는 마지막에 개혁파와 일전을 겨루게 된다.

세 그룹이 토지개혁을 앞두고 목숨을 내건 정치투쟁이 시작된다.

조준은 고려의 부패한 토지제도를 타파하기 위해 토지제도 개혁에 대한 상소문을 올렸다. 이 토지 개혁에 대해 급진개혁파인 정도전, 윤소정 등은 찬성했지만, 이색 등 온건개혁파는 반대했다.

포문은 조준이 먼저 열었다. 그것은 1388년 7월 상소문을 통해 이뤄졌다.

"대체로 어진 정치란 반드시 〈토지의 바른〉 경계(經界)로부터 시작하는 것입니다. 토지제도를 바로잡아 나라의 재정을 풍족하게 하고 민(民)의 삶을 넉넉하게 하는 것, 이것이야말로 지금 시급하게 해야 할 업무입니다. 나라의 운명의 길고 짧음은 민의 삶의 고통과 즐거움에서 나오는 것이고, 민의 삶의 고통과 즐거움은 토지제도가 고르게 되어 있는지 아닌지에 달려 있습니다." 〈고려사, 식화전〉

우재 조 준
(대사헌)

드라마 정도전에서 우재 조준의 모습

조준은 이 상소문을 통해 과전법의 도입을 주장했다. 핵심은 고려 권문세족들이 토지 겸병을 통해 백성들을 수탈해온바 이들의 세금을 걷을 수 있는 권리인 수조권을 국가가 환수해 다시 재분배 하자는 것이다.

세금 수탈로 고통을 받던 백성들에게는 쾌재를 부를 만한 개혁이 아닐 수 없었다. 그러나 고위 관리들은 반개혁적이었다. 결사적으로 반대 했다. 반대자들은 고위관료의 자제들로 알려졌다. 이들은 이색을 중심으로 결사반대했고 개혁은 강력한 저항에 부딪혀 지지부진해 졌다.

이성계는 다시 토지개혁을 강행했다. 1389년 8월 조준은 2차 상소문을 올린다. 조준은 반개혁파를 강하게 비판했다.

"그런데도 세신(世臣)과 거실(巨室)들은 오히려 나쁜 풍조를 쫓으면서 '우리나라의 만들어진 법[成法]은 하루아침에 없앨 수 없다. 진실로 이를 없앤다면 선비[士]와 군자(君子)들이 살아갈 방도가 날로 쪼그라들어서 반드시 수공업자나 장사치가 되고 말 것이다.'라고 말하면서, 서로 유언비어를 퍼뜨리며 뭇 사람들의 귀를 현혹시켜 사전을 회복시켜 자신들의 부귀를 보전하려고 합니다. 삼가 말씀드리면, 마땅히 경기(京畿)의 토지는 사대부로서 왕실을 시위(侍衛)하는 사람들의 토지로 삼아 그 생계의 바탕으로 삼고 그들의 생업을 두터이 해야 합니다. 나머지 모두는 없애서 공상(供上)과 제사의 비용으로 충당하고 녹봉과 군수의 비용을 넉넉하게 하십시오. 겸병이 일어나는 문을 막고 소송이 일어나는 길을 끊어 영원히 남을 법전으로 만드십시오." 〈고려사, 식화지〉

〈사전(私田), 공전(公田) 그리고 수조권(收租權)이란〉

조준이 제시한 과전법을 이해하기 위해서는 '사전', '공전', '수조권'에 대한 개념을 이해해야 한다. 사전은 관리들이 세금을 걷는 땅이고, 공전은 국가에 세금을 내는 땅이다. 수조권은 세금을 걷을 수 있는 권리를 뜻한다.

고려시대 관리들은 자신의 급여로, 수확량의 10분의 1을 세금으로 받을 수 있는 수조권을 국가로부터 받았다. 이중 15분의 1을 다시 국가의 세금으로 보냈다. 즉 세금을 관료에게 내면 사전이고, 국가에 세금을 내는 땅을 공전이라고 한다.

고려말에는 친원파들이 득세하게 되는데 이들은 혼란한 시대를 틈타 사전에 대해 토지겸병을 실시한다. 이로 인해 하나의 사전에서 수명의 관리들이 수조권을 요구하게 되고 농민들은 10분의 1의 세금이 아니라, 10분의 9를 세금으로 내야 하는 상황에 내몰리게 됐다. 수확량의 9할을 약탈당하게 된 것이다. 이로 인해 당시 백성들은 관리들의 노예가 되거나, 유랑민으로 떠돌아야 했다.

이에 대해 조준은 과전법을 주장한다. 이는 사전에 딸려 있는 수조권에 대해 국가가 몰수해 재분배 하자는 주장이다. 그러나 이에 대해 이색은 "법적으로 잘 가려내서 이를 비로 집으면 된다"고 주장했다. 이것이 바로 1전1주제이다.

그러나 조준과 정도전은 "그렇게 하면 언제 개혁을 할 수 있느냐"며 반대했다. 근본적인 토지개혁을 통해 잘못된 것을 바로잡아야 한다는 주장이다. 수조권을 몰수해 재분배하는 것이 가장 효율적인 방법이라는 것이다.

중도적 입장을 펼쳤던 정몽주는 심리적으로는 조준의 개혁에 동의했으나 자기 스승인 이색을 배반할 수는 없었던 것으로 판단된다. 정몽주는 어정쩡한 태도를 취했다.

이에 이성계는 관리들에게 물은바 대상자 53명 가운데 대부분이 찬성해 개혁을 실시했다.

세신과 거실은 고려 고위 공직자를 말한다. 이들은 전통을 하루아침에 없앨 수 없다고 주장하면서, 선비와 군자들이 수공업자나 장사치가 될 것이라는 유언비어를 퍼트리며 개혁에 저항했다.

이에 대해 조준은 "이는 사전을 유지해 자신들의 부귀를 보전하려는 것이다"고 비판했다. 이어 "이번에야 말로 귀족들의 토지겸병을 막고 토지개혁을 통해 국가재정을 넉넉히 하고 군비를 넉넉히 해야 한다"고 주장했다.

또한, 경기도 지역의 토지에 대해 과전법을 시행할 것을 제안했다.

토지개혁에서 이성계 세력이 승기를 잡은 것은 바로 1389년 11월 우왕을 다시 세우고자 기도했던 김저(金佇) · 정득후(鄭得厚) 사건이다.

최영(崔瑩)의 생질이며 우왕 때 대호군을 지낸 김저는 1389년에 최영의 측근인 정득후와 함께 여주로 가서 폐위된 우왕을 만났다. 이때 우왕은 자신과 친했던 곽충보와 의논하여 이성계를 제거하라면서 칼 한 자루를 주었다.

우왕의 지시대로 곽충보와 모의했으나 곽충보가 이 사실을 이성계에게 밀고함으로써 두 사람은 모두 잡혀 군옥에 갇혔다. 정득후는 스스로 목숨을 끊었고 김저는 그해 11월에 옥사했다.

이 사건으로 인해 김저가 옥중에서 공모했다고 자백한 변안열 · 이림 · 우현보 · 우인열 · 왕안덕 · 우홍수 등이 모두 유배되었으며, 우왕은 강릉으로 옮겨지고 창왕은 폐위되었다.

이로 인해 과전법에 반대했던 반 이성계파는 대거 축출되고 만다. 토지개혁을 막아왔던 세력이 모두 제거된 것이다. 그 다음 달인 12월 신종의 7세손인 공양왕이 즉위하게 된다.

공양왕이 즉위하자 조준은 3차 상소를 올린다.

"하늘이 다시 화란을 뉘우쳐서 여러 흉인이 이미 멸망되고 신씨(우왕, 창왕)도 이미 제거되었으니, 마땅히 사전을 일제 개혁하여 백성을 부유하고 오래 살게 해야 하는데, 이 때가 그 기회입니다." 〈고려사절요 공양왕 원년 12월〉

이를 통해 마침내 이성계 세력은 토지개혁의 주도권을 쥐게 된다. 또한 당시 백성들에게 이를 각인시키기 위해 개성 한가운데에서 토지문서를 불태우는 '정치 퍼포먼스'를 펼치게 되고 도성의 백성들은 소리 높여 이성계의 개혁정치를 칭찬하게 된다. 이는 장수 이성계에서 '정치인 이성계'로 고려 백성들에게 자신을 각인시키게 된다.

공양왕 2년(1390) "공전과 사전의 전적을 저자거리에서 불살랐는데 불길이 수일 동안이나 꺼지지 않았다. 왕이 탄식하고 눈물을 흘리면서 '사전의 법이 과인의 대에 이르러 갑자기 개혁되니 애석한 일이다"라고 하였다.

《고려사》〈식화지〉의 기록처럼 모든 토지문서를 불태운 뒤 그 토대위에서 공양왕 3년(1391) 새로운 토지제도인 과전법(科田法)을 반포했다.

이성계, 백성을 발견하다.

과전법의 시행으로 권문세족들은 수조권 배분에서 제외됐고 상대적으로 신진사대부인 혁명파에게 집중됐다. 이로 인해 고려 귀족세력들은 경제적 타격을 받을 수 밖에 없었다. 또한 자신들의 사병을 유지하는 데에도 큰 어려움을 겪게 된다.

과전법을 통한 토지개혁으로 국가재정이 탄탄해 졌고 일반 서민들의 조세형평성이 강화됐다. 또한 혁명파들은 경제적 기반을 마련할 수 있게 됐다.

조준(趙浚. 1346〜1405)은 누구인가

조준은 6형제 중의 5남으로 태어났다. 형제 중 아무도 과거에 급제하지 못해 어머니가 항상 한탄했다. 그래서 어려서부터 더욱 열심히 공부를 했다고 한다.

조준은 그가 25살 때인 1371년에 책을 끼고 수덕궁 앞을 지나가는 모습을 본 공민왕이 기특히 여겨 벼슬자리를 하사했다. 그리고 우왕 즉위년 1374년 과거에 급제했다. '최영'의 천거로 왜구 토벌에 나서기도 했는데, 그 때마다 여러 공적을 세웠다.

고려 탐욕스런 권문세가에 실망한 그는 4년 동안 은둔생활을 했는데, 이 시기에 이성계와 인연을 맺은 것으로 알려졌다. 이성계가 위화도에서 회군한 뒤, 조준을 불러 정세에 대해 논의했다. 이후 지밀직사사 겸 대사헌에 발탁했고, 개혁에 대해 자문을 구했다.

공양왕 3년(1391)에 정도전과 함께 사전개혁 등을 내용으로 하는 과전법을 단행함으로써 신흥사대부의 경제적 기반을 구축했다. 조선개국과 함께 개국공신 1등급에 올랐고, 문하시중의 자리에 올랐다.

조준은 정도전과 함께 조선개국의 한축을 담당했다. 그러나 요동정벌을 두고 둘의 운명은 갈리게 된다. 정도전이 요동정벌을 추진하자, 조준은 이성계를 직접 만나 요동정벌의 부당함을 직설했다. "신흥 조선이 명나라를 공격하기에는 아직 역부족이므로, 차라리 정도전을 명에 보내는 편이 낫다"고 주장했다.

그러나 이성계는 자신의 측근인 정도전을 사지(死地)로 내몰 순 없었다. 조준의 주장은 묵살됐다. 후에 그는 이방원을 지지하여 태종 즉위 후 영의정부사에 올랐다. 시호는 '문충(文忠)'이다.

조준의 문집 '송당집'

위화도 회군 이후 이성계가 권력에만 욕심이 있었다면 당시 귀족세력과 타협해 정권을 찬탈했으면 그만이었다. 그러나 이성계는 그러한 길을 걷지 않았다. 그는 수많은 전쟁터를 다니면서 백성들의 고난에 찬 삶을 직접 보았기 때문이다. 그는 권력욕보다는 백성들의 삶을 보살피는 일에 더욱 관심이 많았다.

　이성계의 가슴에는 늘 백성들이 있었다. 수많은 전쟁터를 누비면서, 그곳에서 시름하고 있는 백성들을 발견한 것이다. 그래서 그는 '백성들이 굶지 않고 쌀밥을 먹을 수 있는 나라'를 꿈꾸었던 것이다.

　이를 위해 자신의 정치적 동지들과 토지개혁을 추진해 나갔다. 때로는 그것을 정치적 이벤트로 활용해 자신의 지지율을 끌어올리기도 했다.

　이성계는 토지개혁을 통해 고려민중들의 지지를 얻었고 이는 조선 창업의 원동력이 됐다.

이성계, 새 나라 비전을 선포하다

수창궁에서 왕위에 오르다

개성부 지도에 표기된 수창궁터. 지금은 학생소년궁전이 들어서 있다고 한다.
'광여도'(서울대학교 규장각 소장)

고려는 종말을 맞이했다. 역성혁명파는 공민왕의 부인이자 대비인 정비에게서 공양왕을 폐하고 이성계를 고려의 왕으로 삼는다는 교지를 받아냈다. 1392년 7월 17일 이성계는 고려의 도읍 송도에 있는 수창궁에서 즉위했다.

이성계의 즉위는 고려의 도읍 송도를 경악하게 했다. 고려 조정에서는 이미 이성계가 왕조를 찬탈할 것이라는 소문이 파다하게 나돌았으나 하급관리들이나 백성들에게는 청천벽력과 같은 일이었다. 이성계는 흉흉한 민심을 안정시키기 위해 여러 가지 개혁조치를 단행했다. 이 때문인지 송도에서의 반발은 눈에 띄지 않았다.

태조 이성계가 왕위에 오르자 이튿날부터 비가 내리기 시작했다. 오랜 가뭄 끝에 내리는 단비라 이성계는 크게 기뻐하고 백관에게 명을 내려 고려 왕조의 정령(政令)과 법제(法制)의 장단점과 변천되어 온 내력을 상세히 기록하여 아뢰게 했다.

이성계는 고려를 대대적으로 개혁할 계획이었다. 이는 정도전 등이 오랫동안 가슴에 품어왔던 생각이었다. 이들의 개혁 정책이 두드러진 것은 숭유억불 정책으로 조선의 건국이념이 되었다. 또한 성리학을 장려하여 도학정치를 실현하려고 했다.

정도전이 중심이 된 개혁 사대부 세력은 이성계를 왕으로 옹립하며 조선을 건국했다. 이들은 조선을 이전과 다른 정치체제가 작동하는 나라로 만들려 했다. 왕은 존재하지만 권력 행사는 극히 제한하고 재상이 중심이 된 정치 시스템을 실현하려 했다.

지금의 입헌군주제와 같은 방식으로 왕은 재상을 임명하기만 할 뿐, 국정 운영은 재상이 중심이 되어야 하고 권력의 견제와 감시는 언관 제도를 활용하도록 했다. 권력 기관이 상호 작용을 통해 권력자의 독단을 막고 합의에 의한 국정 운영을 하도록 했다. 조선 초 집권세력은 민심의 중요성을 거듭 강조하며 그들의 국정 운영 철학이 위민사상(爲民思想)에 근거하고 있음을 분명히 했다.

임금이 중히 여겨야할 10가지 항목

3일 뒤인 7월 20일 조선시대 감찰기관인 사헌부에서 이성계에게 임금이 지켜야 할 10가지 항목을 상소로 올렸디. 상소 내용은 아래와 같다.

1. 나라의 기강을 바로 세워야 합니다.
2. 상주고 벌주는 일을 분명히 해야 합니다. 한 올의 사심도 있어서는 안 됩니다.
3. 군자는 가까이 하고 소인은 멀리 해야 합니다.
4. 충언을 받아들이십시오.
5. 아첨과 고자질을 근절하십시오.
6. 무사안일과 욕망을 경계하셔야 합니다.
7. 매사 절약하고 검소한 생활을 숭상하십시오.
8. 환관들을 멀리하십시오.
9. 불교를 개혁하고 승려들을 배척하십시오.
10. 궁의 위엄을 중하게 여겨야 합니다.

신하가 임금이 지켜야 할 항목을 상소로 올린 것이다. 위로는 하늘이 돌보아 주신 명령을 저버리지 말고 아래로는 신민이 추대하는 뜻을 배반하지 않아서 억만년 무궁한 경사를 이룰 것을 요청하고 있다.

이에 대해 태조 이성계는 "한관과 승려를 물리치는 일은 건국초기에 갑자기 시행할 수 없지만 나머지는 모두 시행하겠다"고 화답했다. 10가지 항목들은 600여 년이 지난 지금에도 위정자들이 곱씹어 새겨보아야 할 항목들이다.

왕과 신하간의 이러한 관계는 후에 경연(經筵)으로 이어진다. 경연은 임금과 신하가 학문과 정치에 대해 논하는 자리이다. 태조 이성계는 즉위하자 마자 경연관을 설치하고 경연의 중요성을 강조했다.

태조 이성계가 추구했던 것은 왕도정치이다. 요순 임금으로부터 공양왕에 이르기까지 군주들의 도(道)를 깨우쳐 인자한 정치(仁政)를 펼치는 것이다. 철인군주정치인 셈이다. 또한 군주가 현명한 재상을 선택하여 제도적인 통치를 실현할 때 이것이 곧 위민정치라고 생각했다.

이성계의 취임사

7월 28일 새로운 국왕의 즉위를 알리는 '즉위교서'가 반포됐다.

조선왕조실록 태조 즉위교서

"왕은 이르노라. 하늘이 많은 백성을 낳아서 군장(君長)을 세워, 이를 길러 서로 살게 하고, 이를 다스려 서로 편안하게 한다. 그러므로, 군도(君道)가 득실(得失)이 있게 되어, 인심(人心)이 복종과 배반함이 있게 되고, 천명(天命)의 떠나가고 머물러 있음이 매였으니, 이것은 이치의 떳떳함이다. (중략) 그 나머지 무릇 범죄한 사람은 일죄(一罪)로서 보통의 사유(赦宥)에 용서되지 않는 죄를 제외하고는, 이죄(二罪) 이하의 죄는 홍무(洪武) 25년(1392) 7월 28일 이른 새벽 이전으로부터 이미 발각된 것이든지 발각되지 않은 것이든지 모두 이를 사면(赦免)할 것이다."〈태조실록, 태조 이성계의 즉위교서〉

즉위교서는 태조 이성계의 취임일성이다.

"왕은 말하노라. 하늘은 백성들 가운데 군주를 세우고, 그 군주로 하여금 백성들을 편안하게 살게 했다. 따라서 왕도가 올바르면 백성들이 따르게 될 것이며 그렇지 않으면 민심이 배반해 떠나가는 것이 이치이다. 이것이 바로 천명이다."

백성들의 민심이 떠나가 고려가 버려졌고, 자신이 천명을 받아 새로운 왕도를 세웠다는 내용이다. 또한 자신의 개국 시점을 기해 모든 죄를 용서하는 대사면을 단행한다. 조선개국에 자신감을 보여주는 대목이 아닐까.

정도전이 지은 즉위교서에는 태조 이성계의 새 나라에 대한 비전이 17항에 나뉘어 담겨 있다.

첫째 항목은 종묘사직을 바로잡고 고려 왕족을 대우하겠다는 의례적인 것과 과거시험의 개혁 방안이 제시됐다. 문과와 무과 그 어느 하나도 소홀하게 여기지 않겠다는 약속과 중앙과 지방 그 모든 곳에서 인재를 고루 육성하겠다는 의지, 고려왕조의 과거제에 대한 비판 등 문무 관료들을 투명하고 공정한 절차에 의해 선발하겠다고 밝혔다.

지방관리를 뽑을 때 추천제로 하고 만약 그 사람의 능력이 부족하면 추천한 사람이 처벌받도록 했다. 충신, 효자, 효부들을 특별 우대하고 등용할 땐 가산점을 주겠다고 밝혔다. 홀아비, 과부, 고아, 노인들을 위한 사회복지를 대폭 확대하겠다는 내용이 담겼다.

국고의 회계 출납을 엄격히 관리하고 국가 재산을 사적으로 이용한 자는 강력히 처벌토록 했다. 해군을 또한 우대했다. 호포(戶布) 감면과 국둔전(國屯田, 군사용 땅) 폐지 등 민생을 추스르기 위한 개혁안이 포함됐다. 법치주의를 강화했고 개국 이전의 범죄에 대한 사면령을 단행했다.

17항목에 달하는 새로운 국가 건설의 개혁 방안이 담겨 있다. 모든 계층의 현안을 포착하여 민심을 얻으려는 의도가 뚜렷하다.

조선의 리더십

조선시대는 성리학적 문명을 건설하려는 꿈을 가진 시대였다. 사헌부에서 임금에게 올렸던 상소문이나, 태조 이성계의 즉위교서는 이후 조선 선비들의 리더십을 만드는 근간이 된다.

『조선인물전』의 저자 김형광은 조선 선비들의 가치관에 대해 다음과 같이

설명하고 있다. ^{*주2}

> 첫 번째가 멸사봉공의 자세다. 조선의 사람들은 철저히 자신을 뒤로 미루고 대의를 위해 사는 것을 중시했다. 자기를 앞세우는 경우를 도리에 어긋나는 일이라고 멸시하면서, 공의에 합당하게 행동해야 사람 취급을 받았다. 봉공은 백성의 생활 안정과 국가의 안녕에 있었다. 아무리 군왕이라 할지라도 백성을 불안하게 한다면 타도의 대상이지 봉공의 대상이 될 수는 없었다.
> 두 번째는 사회봉사의 정신이다. 배운자의 우선하는 도리가 나라와 사회에 대한 헌신이라고 생각했다. 관직에 나아가는 것 자체를 자신의 영달보다는 남을 위하는 일로 생각하고 자신의 이익을 위해 자리에 연연하는 것을 선비의 수치로 여겼다.
> 세 번째는 남을 다스리기에 앞서 스스로의 수양을 우선했다. 군왕이라 할지라도 교화되지 못한 악덕 군주는 교체할 수 있다는 혁명적인 사고가 존재했고, 그러한 경우가 현실화되기도 했다. 그리고 다스림의 근본을 민생안정에 두었다.
> 네 번째로는 근검절약하고 청빈한 자세를 강조했다는 것이다.

선비정신은 우리의 중요한 정신적 유산이다. 도덕·인격적 수양을 갖추고 사리사욕을 넘어 공적인 것과 공동체를 진정으로 생각하는 빛나는 우리의 고유 정신인 것이다.

2000년대 이후에는 우리 전통에서 리더십 요소를 찾기 위해 '선비정신'이 재조명 되기 시작했고, 인문학을 중시하는 사회적 분위기 속에서 선비문화 체험, 축제, 강연회 등이 활발하게 개최되고 있다.

김석근 아산정책연구원 한국학연구센터 센터장은 『선비정신과 한국사회』라는 책에서 "현재 우리사회를 생각한다면 '선비정신'을 바탕으로 하는 새로운 리더십이 필요하다고 본다. 그것은 현재의 상황을 타개하기 위해 전통의 좋은 측면을 되살리려는 노력이라 할 수 있다. 품격과 교양을 갖춘 미래 인간의 원형은 선비정신에 있다. 소중한 우리의 가치다"고 설명하고 있다.

특히 권력에 비판적이었던 선비들의 모습은 현재 민주주의와도 상통하고 있다고 주장하고 있다.

선비의 가치관은 약 600년 동안 한국인들의 DNA에 유전돼 왔다.

오늘날 한국인의 가치관과도 이러한 사상이 유유히 흐르고 있기 때문이

---

^{*주2} 『조선인물전』, 김형광, 시아출판사, 2007

다. 태조 이성계의 왕도정치와 위민정치사상은 조선시대 선비들의 가치관에 투영됐고 그 정신은 오늘날에도 한국인들의 핏속에 도도하게 흐르고 있다.

창업자, 수성에 성공해야

이성계는 창업에는 성공했지만 안타깝게도 수성(守城)에는 실패했다.

태조 이성계가 건국공신의 반대를 무릅쓰며 방번을 세자로 삼으려 한 이유는 실록에 나타난 대로 몹시 사랑하는 마음 때문이었다.

태조 이성계는 둘째 왕비 강씨가 낳은 방번을 몹시 사랑했다. 보통의 남자란 나이 들어 얻은 아들, 그것도 사랑하는 후처에게서 본 아들을 자기 목숨처럼 사랑한다.

그래서 원칙과 상관없이 자기가 가진 모든 것을 사랑하는 아들에게 다 주고 싶어 한다. 필부의 인지상정이란 것이 그렇다.

태조 이성계 역시 그런 정을 넘어서지 못했다. 사랑하는 아들만 보고 나라 전체를 생각하지 못했던 것이다. 결국 태조 이성계와 건국공신이 한 발씩 양보해 강씨의 둘째 아들 방석이 세자에 책봉되었다. 제왕의 후계자 선정이라는 국가 대사가 미봉책으로 봉합된 셈이었다.

> "무안군 방번은 둘째 왕비(次妃) 강씨 소생인데 태조가 몹시 사랑하였다. 태조는 강씨가 조선 건국에 공이 있다고 핑계를 대며 방번을 세자로 세우고자 하였다.
> 태조가 조준 · 배극렴 · 김사형 · 정도전 · 남은 등을 불러 의논하였는데 배극렴이 '적장자를 세우는 것이 고금의 통의(通義)입니다' 하였다. 태조가 불쾌해 하면서 조준에게 묻기를 '경의 뜻은 어떤가' 하였다. 조준이 대답하기를 '평상시에는 적장자가 먼저이고, 비상시에는 유공자가 먼저입니다. 원컨대 세 번 생각하소서' 하였다.
> 강씨가 엿보아 알고는 통곡하였는데, 그 소리가 밖에까지 들렸다. 태조가 종이와 붓을 가져다 조준에게 주며 방번의 이름을 쓰라 하였다. 그러나 조준은 엎드린 채 쓰려고 하지 않았다." 〈태종실록〉

실록에는 태조 이성계가 둘째 왕비 강씨를 너무나 사랑한 나머지 그녀의 자식들에게 왕권을 넘겨주었다고 기록하고 있다.

그러나 태조가 강씨를 사랑해 방번을 세자로 삼으려 했다는 실록의 기록과 다른 해석도 있다. 그것은 태조가 '고려와의 인연을 철저히 끊겠다'는 의지의 표현이라는 분석이다.

태조는 자신이 그랬던 것과 같이 자식들의 혼맥(婚脈)을 통해 고려 권문세족들과 인연을 맺어 왔다. 동북면 출신 한씨 소생의 자식들을 모두 고려 권문세족들과 결혼시켰다. 이를 통해 고려사회에서 자신의 권력을 공고히 했다.

신진 세력의 힘만으로는 부족했기에 아들들을 구 기득권 세력과 결혼을 시켰다. 이를 통해 고려 구 기득권 세력의 반감을 누르기도 했고 한편으로 경제 · 군사적으로 후원을 받기도 했다.

그러나 막상 자신이 조선이라는 새로운 나라를 창업한 이후에는 고려 구세력과의 혼맥은 오히려 자충수로 돌아왔다. 이들 구세력들이 고려 복원을 명분으로 자신에게 칼을 들이댈지도 모른다는 불안감에 휩싸인 것이다.

왕씨를 대거 숙청한 것에서 볼 수 있듯이 태조 이성계는 고려 권문세족들의 반란을 두려워 했던 것이다. 예들 들면 한나라 때 왕망도 신나라를 개창했다가 바로 구세력의 반란으로 비참한 말로를 맞이해야만 했다.

자신도 호족으로서 새 나라를 개창한 만큼 다른 권문세족의 발호를 두려워했던 것이다. 그래서 태조 이성계가 가장 역점을 두었던 정치개혁은 '중앙집권강화'와 '호족타파'였다.

이런 부분에서 이미 자신의 자식들은 처가의 권문귀족들과 돈독한 관계를 유지하고 있었다.

고려 호족과 철저한 단절을 원했던 태조 이성계의 눈에 들어온 것이 바로 막내 '방석'이었다. 방석은 고려 귀족세력과 관계에서 가장 자유로웠던 것이다. 가장 막내였기 때문에 고려 세력들과의 인맥이 없는 것이었다.

태조 이성계는 고려 구세력으로부터 자유로운 막내 방석을 세자로 삼고 그가 장성할 때까지 자신이 지켜 주면 고려로부터 부채(負債)가 없는 왕이 될 수 있을 것이라고 판단했을 것이다.

　둘째 부인을 사랑해 사사로운 정에 이끌린 것이 아니라, 철저히 정치적인 계산 아래 세자책봉이 이루어 졌다는 해석이다.

　그러나 이러한 이성계의 계획은 이방원의 '1차 왕자의 난'으로 수포로 돌아갔다.

　태조 이성계가 64세 되던 1398년 8월 26일 밤, 방원은 군대를 동원해 태조 이성계가 머무르던 경복궁을 기습해 포위했다.

　방원이 세자 방석을 제거하고자 일으킨 제1차 '왕자의 난'이었다. 경복궁의 수비 병력을 지휘하던 조온과 조영무는 휘하 병력을 거느리고 궁을 빠져나가 방원에게 합세했다. 경복궁 안에서 와병 중이던 태조 이성계는 속수무책이었다.

태종 이방원과 원경왕후의 묘가 쌍능(헌릉)으로 서울 서초구 내곡동에 조성돼 있다.

이성계는 왕위를 물려주고 태상왕으로 밀려났다. 이성계는 이를 만회하고자 난을 꾀한다. 1402년 신덕왕후의 복수를 천명하며 일어난 안변부사 조사의(趙思義)의 난은 사실상 이성계의 난이라 할 수 있다. 자신이 세운 나라를 스스로 뒤엎고자 했던 것이다. 하지만 난은 진압됐고, 이성계는 실낱같은 희망을 접어야만 했다.

> 태상왕(이성계)이 심히 즐거워하였고, 임금(태종)이 크게 취하여 여러 번 술잔을 올리니, 태상왕은 번번이 마셨으나, 취하지 아니하고서 말하기를, "내가 젊었을 때에 어찌 오늘날이 있을 줄 알았으랴. 다만 오래 살기를 원하였더니, 이제 70이 지났는데도 아직 죽지 않는다." 〈태종실록 11권, 6년(1406)〉

새 왕조를 연 창업군주이지만 말년에는 쉬이 죽지 못하고 있는 것에 대해 쓸쓸히 한탄하는 모습을 엿볼 수 있다.

이성계는 1408년(태종 8년) 5월 74세로 세상을 하직했다. 역사적으로 볼 때 창업군주에게 공신 책봉보다 훨씬 어려운 문제가 후계자 선정이었다.

왕권을 물려주는 문제 즉 후계구도를 정하는 문제는 비단 조선뿐만 아니라 중국에서도 큰 문제가 아닐 수 없었다.

이에 대한 당 태종의 일화가 있다.

당 태종은 중국사를 대표하는 명군이었다. 어느 날 당 태종이 신하들에게 물었다. "제왕의 사업에서 창업하는 것과 수성하는 것 중 어느 것이 더 어렵소?"

그러자 방현령이 대답했다. "천하가 혼란스러워지면 영웅들이 다투어 일어납니다. 이런 관점에서 말하면, 창업이 수성보다 더 어렵습니다."

위징이 반론을 제기했다. "그러나 일단 천하를 얻은 뒤에는 마음이 교만해지고 음란한 데로 달려가게 됩니다. 이런 점에서 말하면 창업보다 수성이 더 어렵습니다."

당의 고조 이연은 '적장자 계승'이라는 원칙만으로 큰아들을 태자로 삼았다. 당시는 창업 직후의 비상시임에도 평상시로 판단했던 것이다. 오판의 결과는 참혹했다. 당 태종은 군대를 동원해 궁궐을 습격하여 태자를 살해하고 황제 자리를 쟁취했다.

태조 이성계는 권력을 빼앗기고 상왕으로 밀려났다. 태조 이성계는 왜 이런 참담한 꼴을 당했을까?
조선의 태조 이성계는 원칙을 무시하고, 방석을 세자로 삼았다가 왕자의 난을 당했다.

조선의 창업군주 태조 이성계나 당의 창업군주 고조 이연은 왕자의 난을 당하고 절대 권력을 잃게 된다. 이는 후계자 계승 원칙을 무시했거나 아니면 현실 판단을 잘못했기 때문이다. 그 결과 태조 이성계나 고조 이연은 비록 창업에는 성공했지만 수성에는 실패한 제왕이 되고 말았다.[주3]
그렇다면 창업군주에게 필요한 성공적 수성 원칙을 역사에서는 무엇이라고 가르칠까? 지극히 상식적인 결론이지만 그것은 바로 내면의 적에 굴복하지 않기 또는 내면의 적을 굴복시키기다. 정관정요에 위징은 다음과 같이 말한다.

> 수많은 창업군주가 천명을 받아 왕조를 개창할 때는 심사숙고하며 덕행을 드러내지 않는 이가 없지만, 공을 세운 뒤 그들의 덕행은 점점 쇠퇴했습니다. 처음에 훌륭했던 이는 많지만 끝까지 훌륭한 행실을 이어간 이는 아주 적습니다. 어찌 창업하는 것은 쉽지만 수성하는 것은 어렵지 않겠습니까? 그러면 과거에 천하를 취할 때는 역량이 남았다가 지금 수성할 때 역량이 부족해지는 것은 무엇 때문입니까? 창업할 때는 깊이 걱정하면서 성심성의를 다해 아랫사람들을 대했지만, 일단 뜻을 얻게 되자 방종해져 다른 사람에게 오만방자하게 굴기 때문입니다." 〈정관정요〉

조선의 창업군주인 태조는 역사적 변곡점에 국가 창업이라는 대운을 잡

[주3] 후계 잘못 고른 태조 이성계 쿠데타에 아들 여럿 죽여, 신명호 부경대 교수, 월간중앙, 2010)

앉다. 그는 창업에 많은 준비를 했다. 그러나 이성계는 창업은 했으나 국가 경영에는 경험이 없었다. 대부분의 창업군주가 그렇듯 그 또한 왕으로서 훈련받을 기회가 없었다.

후계자 선정 과정에서의 실수가 빚어낸 비극적인 '왕자의 난'이 그런 예에 속한다. 이 점은 그 자신의 능력 및 리더십의 한계를 보여준다.

여러 면에서 장군의 자리와 국왕의 자리는 전혀 다르다. 이 점에서 창업은 단절 없는 준비 경영의 자세가 지속적으로 요구된다.

조선의 국모, 신덕왕후 강씨

이성계의 조선건국에서 빼놓을 수 없는 것이 바로 경처(京妻)인 신덕왕후 강씨의 리더십이다. 정도전이 정치철학을 바탕으로 외조의 역할을 했다면, 강씨는 내조의 여왕으로, 변방의 이성계를 고려의 권문세가들과 연결하는 가교역할을 했다. 혼맥을 통해 고려 귀족들과 인맥을 쌓게 된 것이다.

강씨의 정치세계를 이해하기 위해서는 작은아버지인 강윤충의 삶을 들여다 볼 필요가 있다.

고려사열전에 보면 강윤충은 대단히 권력지향적 인간이다. 본

신덕왕후 진영(眞影). 이도경 추사화(追寫畵)

래 천인이었으나, 처세술이 뛰어나 충숙왕, 충혜왕, 충목왕, 공민왕에 이르기까지 권력을 유지했다.

그는 특이한 이력의 소유자이다. 백유의 처를 강간한 일로 탄핵을 받아 유배됐다. 또한 충목왕의 어머니인 덕녕공주(德寧公主)와 사랑에 빠진 덕에

정방(政房)의 제조(提調)가 되어 인사권을 장악하고 많은 뇌물을 받았다.

당시 개경 시내에는 "찬성사 강윤충은 환관, 시녀를 매개로 왕의 어머니와 통하여 음란한 짓을 자행하며 궁중의 총애를 얻었다. 이를 베어버리면 나라에 걱정이 없을 것이다."라는 대자보가 나붙었다.

이로 인해 강윤충은 1348년 '영귀(榮貴)를 탐하여 백 가지로 욕심을 부리어 일대(一代)의 흉악을 저지르는 자'라는 탄핵을 받았다. 그러나 그는 다시 오뚝이처럼 일어섰다.

1354년(공민왕 3) 다시 찬성사가 되었다가 판삼사사(判三司事)가 되었다. 1356년 호군 임중보(林仲甫)가 반역을 꾀하다가 발각됐는데 이에 연관돼 동래현령으로 좌천되었다가 3년 뒤에 살해당했다.

강씨는 이러한 숙부의 드라마틱한 권력부침을 보면서 자랐다. 그녀가 보여주었던 의지력, 정치력, 추진력 등은 집안 내력에서 찾아볼 수 있을 것이다. 그리고 가슴 한 켠에는 "집안을 다시 일으키겠다"는 권력욕을 담았으리라.

다산 정약용의 시문집을 보면 "버들잎을 띄워 물을 준 그녀를 태조 이성계가 기특하게 여겨 말에 태워서 함께 돌아왔는데 그가 바로 '부인 강씨'였다"고 소개하고 있다. 강씨 부인의 예사롭지 않은 행동을 보여 주고 있다.

신덕왕후 강씨는 이성계의 정치적 조언자였으며, 뛰어난 지략을 바탕으로 조선 건국에 큰 영향력을 끼쳤다.

역사가들은 강씨가 이성계에 조언한 대목으로 황산대첩과 위화도 회군, 그리고 정몽주 척살을 꼽는다. 함경도에서 오랑캐를 막느라 개경을 떠나 있던 이성계를 강씨가 아프다는 핑계로 불러들여 "북방의 오랑캐가 아닌 황산의 왜구를 토벌하라"고 조언한다. 이 말을 듣고 지리산으로 달려간 이성계는 황산전투를 승리로 이끌고 이를 통해 고려의 영웅으로 등극하게 된다.

이는 강씨가 집안의 정보력을 바탕으로 전장의 정세를 파악한 이후 남편에게 조언한 것으로 보인다. 위화도 회군 당시에도 이방원을 통해 편지를 전달했는데 이 편지를 읽고 회군을 결정했다는 설이 있다.

이방원이 정몽주를 살해하려고 할 때 강씨가 뒤에서 이를 후원했고 이 때문에 태조 이성계가 이방원을 질책할 때 강씨의 도움으로 모면할 수 있었다고 전한다.

1392년 4월 이방원이 정몽주를 격살했다는 보고를 받고 태조가 당황하자 "언제나 대장군으로 자처하시더니 어찌 이렇게 당황해 하십니까"라고 핀잔을 줄 정도였다.

신덕왕후는 자신이 건국에 일정 부분 지분이 있다고 생각했고 이성계도 이를 인정해 주었기에 방석의 세자책봉을 밀어붙였고 또한 이성계파의 지지를 획득할 수 있었다.

강씨의 정치적 영향력은 무엇보다 조선 건국 한 달 후인 8월 20일 전격적으로 자신의 소생인 11세의 방석을 세자로 책봉시킨 데서도 읽을 수 있다.

당시 실록의 기록을 보자.

> "왕이 강씨를 존중하여 뜻이 방번에 있었으나, 방번은 광망(狂妄)하고 경솔하여 볼품이 없으므로 공신들이 이를 어렵게 여겨 사적으로 서로 이르기를 '만약 반드시 강씨(康氏)가 낳은 아들을 세우려 한다면 막내아들이 조금 낫겠다'고 하더니, 이때에 이르러 왕이 '누가 세자가 될 만한 사람인가' 하고 물으니 장자(長子)를 세워야 하며, 공로가 있는 사람을 세워야 한다고 간절히 말하는 사람이 없었다. 극렴이 '막내 아들이 좋습니다' 하니 임금이 드디어 뜻을 결정하여 세자로 세웠다." 〈태조실록, 1년 8월 20일〉

세자 책봉과정에서 강씨의 역할을 잘 드러내 보여주고 있는 장면이다. 한씨 소상에 6명의 아들이 있었으나 이들은 모두 세자책봉 후보에서 제외됐다. 강씨 소생의 두명의 아들 중 막내아들 이방석이 최종 세자로 낙점됐다.

강윤충은 명문집안의 출신과 달리 왕이 바뀔 때 마다 처세를 능수능란하게 하였는데 즉 밑바닥 출신의 전형적인 처세를 보여주는 인물이었다.

노비부터 시작하여 왕의 마음과 몽골공주의 마음을 얻기까지 강윤충의 처세는 대단한 것이었다.

신덕왕후의 처세도 이런 집안의 내력과 무관하지 않아 보인다. 강윤충이 노비가문을 세도가의 반열에 올렸던 가문의 기억은 신덕왕후에게 집안을 일으켜야 한다는 강한 권력의 집착을 낳았을 것이다. 결국 자신의 아들 곧 방번, 방석 형제들을 죽음으로 내몰게 되는 결과를 초래하고 말았다.

소선의 개국으로 강씨는 조선의 첫 왕비가 되어 현비(顯妃)에 봉해졌다. 그리고 1396년 세상을 떠났다. 신덕왕후가 죽자 태조는 몹시 애통해하며 명복을 빌기 위해 능 옆에 조그만 암자를 지어 매일 아침과 저녁마다 향차를 바치게 했다. 1년 간의 공사를 거쳐 흥천사(興天寺)를 지어주기도 하였다.

태조는 흥천사가 완공되자마자 그때부터 능과 절을 둘러보는게 일상사가 되었다. 능과 절을 다 돌아본 뒤 신덕왕후 소생 왕자들과 함께 저녁시간을 보내고 신덕왕후의 능에 재를 올리는 절의 종소리가 울려야만 비로소 침소에 들었다. 뿐만 아니라 수라 때에도 신덕왕후의 명복을 비는 불경 소리를 들은 후에야 비로소 수저를 들어 식사를 하는 등 정성을 보였다.

그녀의 죽음은 어린 세자를 지켜주지 못했다. 승하한지 얼마 되지 않아 이방원에 의해 1차 왕자의 난이 일어났고 방번과 방석이 살해됐다. 딸인 경순공주는 여승이 되었다.

한때 상부상조했던 이방원과 신덕왕후는 세자책봉 이후 원수지간이 됐다. 왕자의 난 이후 왕위에 오른 태종은 신덕왕후의 묘인 정릉 파괴와 이전을 지시했다. 또한 후궁으로 강등했다. 그로부터 약 230년이 지난 1669년(현종 10년)에서야 왕비로 복권됐다. 이날 엄청나 비가 내렸다고 한다.

신덕왕후와 이방원은 11살의 나이차이가 났으나 서로 말이 잘 통했다고 한다. 이방원이 17살에 과거에 합격했는데, 이때 신덕왕후가 상당히 뒷바라지를 했다고 한다. "방원이가 어찌 내 아들이 아닌가"하며 과거 급제를 기뻐했다고 한다. 이방원 역시 위화도 회군 당시 강씨와 그의 아들들을 최영의 인질이 되지 않도록 동북면으로 대피시키기도 했다.

우호적이었던 이들의 관계가 틀어진 것은 바로 '세자책봉' 때문이었고 왕위를 둘러싼 권력투쟁에서 양보란 있을 수 없었다.

강씨의 숙부 강윤충은 태조의 큰아버지이자 환조의 형 이자흥의 사위였다. 이런 인연으로 그는 이성계와 접촉할 수 있었고 곧 그의 계비가 된다. 강씨는 이성계를 조선의 태조가 될 수 있도록 만든 내조의 여왕이었다. 그리고 자신의 배로 낳은 자식의 국모(國母)가 되고 싶었다.

그러나 그러한 권력의 욕심이 비극의 씨앗으로 잉태돼 왕위 계승에 뿌려졌으니 수많은 생명이 권력의 투쟁과정에서 죽음으로 마감돼야만 했다.

동아시아의 패권주자 이성계와 주원장

조선을 개국한 태조 이성계, 명나라를 개국한 태조 주원장. 봉건사회에서 세계적 변혁을 주도한 이들은 산업사회의 기업가와 같다. 산업사회의 혁신 CEO들이 전혀 다른 차원의 신산업 동력을 발굴해내는 것처럼 주원장과 이성계도 전혀 색다른 나라를 만들었다.

14세기 중반 고려와 원나라에서는 전통적 강점이 더는 작동하지 않았다. 두 나라는 정도의 차이는 있으나 강력한 통합력과 원대한 이상, 기동성의 세 가지 강점을 가지고 일어섰다.

후삼국시대에 일어선 고려는 옛 대제국 고구려의 영광을 되찾자며 삼한의 호족들을 통합해 일어섰다. 고구려 땅을 내줄 수 없다며 거란과 맞섰고 한때 거란의 조공을 받기까지 했으며 중국의 송나라마저도 고려의 눈치를 보아야 했다.

천년만대를 갈 것 같던 원나라가 150년 만에 급강하기 시작했다. 이러한 격변의 시기에 고려는 창업 475년 만에 이성계가 조선으로 교체했다. 원과 고려의 말기 증상은 모두 유사했다.

첫째, 두 나라가 태동기에 지녔던 혁신 의지가 실종됐다.

둘째, 지배구조의 낮은 투명성에 따른 비효율적 경영 판단이 나타났다.
셋째, 기득권 세력의 고비용, 저효율이었다.

주원장과 이성계는 원나라와 고려 조정의 무사안일과 무한 반복되는 판단 착오를 보면서 역동적인 모델을 구상한다.

원나라와 고려 모두 조정 내부에서 통치권 쟁탈에 몰두했고 이 때문에 두 나라의 정신적 지주였던 종교가 함께 타락했다. 라마교에 탐닉하던 원 황제 혜종은 대규모 사찰에서 화려한 법회를 열어 국고를 탕진했고, 심지어 방중술(房中術)에 빠져 지냈다. 불교의 나라였던 고려 역시 후반기로 갈수록 권력과 불교가 결탁해 백성을 갈취했으며 개혁을 시도했던 공민왕도 노국 공주가 죽자 파계승 신돈에게 전권을 맡겨, 이후 고려의 국정은 회복 불능 상태에 빠진다.

중국 대륙에서는 주원장이 유교의 통치 이념을 내세우며 반원의 기치를 들고 거세게 일어났고 삼별초항쟁 이후 원나라의 부마국이 된 고려에서는 신흥 세력 이성계가 전면 개혁을 내세우며 권문세족과 부딪치고 있었다.

중국 역대 왕조를 창업한 군주가운데는 초야에서 묻혀 살다가 난세를 만나 힘을 기르고 때를 만나 제왕의 자리에 오른 자는 있지만, 그들도 집안이 명문의 후예거나 부호에 가깝고, 평소에도 주위로부터 덕망과 인품을 쌓은 전력을 가지고 있는 것이 통상적인 사례라고 할 수 있다.

그러나 이 주원장은 그런 것과는 전혀 관계가 없는 밑바닥 인생에서 출발, 모진 간난(艱難)과 고초를 이겨낸 입지전적인 인물이다. 중국적인 풍토에서 서민이 제왕의 자리에까지 올랐다는 것에 주목하고 있다.

이성계나 주원장 같은 사람들은 누구도 억누를 수 없는 열망이 기세로 표출되기 때문에 서로 알아본다. 눈빛과 걸음걸이와 전신에서 형형한 기세가 풍겨났다.

본래 고려의 이성계나 원나라의 주원장은 당시 사회의 체제 속에서 주도

명나라를 건국한 태조 주원장의 상반된 초상화.
험상궂은 사내의 얼굴(오른쪽)은 민간에서 전해 내려오는 것이고,
성군의 모습은 궁정에서 제작된 것이다.

적 위치에 오르기 어려운 신분이었다. 이성계는 고려 변방 함경도 영흥의 일개 무장 출신이고, 주원장은 건달로 지내다가 생계를 위해 홍건적에 들어갔다.

주원장이 한참 중원을 누비며 이름을 떨칠 때, 이성계는 한반도에 출몰하던 왜구와 홍건적, 여진족 등을 막아내며 주목받는다. 기병 전술의 천재 이성계가 거느린 북방 기병은 2천 명 정도로 적들에게는 그야말로 공포의 대상이 됐다.

전쟁이 영웅을 만든다고 했던가. 명과 조선을 건국한 두 명장은 아이러니하게도 홍건적의 난으로 일약 '스타'가 된 케이스다.

주원장은 지지리도 가난한 집에서 태어나 밥벌이가 어렵게 되자 탁발승이 되어 생계를 이어간다. 절에 들어가 생계를 이어가고자 했으나 턱뼈가 튀어나온 얼굴, 개발 같은 주먹코와 꼬리가 위로 올라간 실눈, 뻐드렁니 등 우락부락한 그의 인상이 워낙 사나워 신도들이 따르지 않았다.

어쩔 수 없이 절을 나온 그는 홍건적에 합류하면서 새로운 인생을 살게

된다. 주원장의 나이 25세에 홍건적의 중간 간부격인 십부장에 발탁된다. 우거렁 바가지 같은 인상이 승려로서는 부적격이었으나 도둑의 무리에서는 한층 돋보였다.

오히려 이런 비범한 인상에 매료된 홍건적 대장 곽자흥은 자기의 양 딸을 그의 아내로 삼게 했고, 이가 후일 주원장의 창업에 지대한 공로를 끼친 마(馬) 황후다. 이후 주원장은 마치 고기가 큰 물을 만난 듯 자기의 기량을 유감없이 발휘했다.

이성계도 1362년 개경을 점령한 홍건적을 크게 무찌름으로써 고려 귀족 사회에 자신의 이름을 떨치게 됐다.

고려는 475년 동안의 통치를 끝으로 막을 내려야 했고 이성계는 그 후 공양왕을 폐하고 1392년 왕위에 올랐다. 그렇게 조선 500년의 서막이 열렸다. 그에 앞서 주원장은 1368년 스스로 황제에 올라 명나라를 세웠으며 세계 제국 원나라를 '양 치던 고향' 몽골로 몰아냈다.

이성계는 왕에 오른 뒤 다섯째 아들 이방원을 명나라에 사신으로 보냈다. 이방원이 명나라 태조가 된 주원장에게 조선의 건국을 통보했다. 그러면서 이방원이 품속에서 이성계의 화상을 꺼내 보였다.

이 그림을 본 주원장이 크게 웃었다.

"하하하, 짐이 일찍이 경의 부친을 만난 적이 있소. 이미 그때 그대의 부친을 임금 될 만한 인물로 짐작했소."

주원장은 유교를 통치 이념으로 한 명나라를 세웠고 이성계도 숭유억불의 조선을 개국했다. 한 조직의 리더는 그 조직의 가치를 권위적으로 재분배하는 힘을 가지고 있다. 조직의 크기에 비례해 리더가 구사할 힘도 커신다. 리더가 변화를 주도하거나 제대로 읽으면 조직은 승승장구한다.

이성계는 패권 정치에 실망한 고려인들에게 성리학에 근거한 왕도 정치를 제시하며 신바람을 일으켰다. 또한 제한적인 고려의 인재 등용 정책과 달리 인재 기용의 풀을 넓혔다.

　주원장과 이성계가 성공한 이유는 자신들의 새로운 가치를 인정하고 따르는 사람들을 모으고 포용했기 때문이다. 이성계와 주원장은 처음 뜻을 세우고 거듭 실패하면서도 자신의 뜻을 키웠다.[주4]

*주4 『조선사로 본 비즈니스 전략』 석산, 북카라반, 2016

PART 02

솔선수범을 통한
'돌파의 리더십'

솔선수범을 통한
'돌파의 리더십'

이성계는 동북아시아의 외교관계를 살피며 시대정신을 읽는 융통성
과 개방성을 보여준다. 최영은 고려를 수호함으로서 자신의 기득권
을 지키려 한 것이고, 이성계는 새 나라 창업을 통해 시대정신을 실
현하려 했던 것이다. '돌파 정신'을 통해 전쟁에서 승리했지만, 융통
성과 개방성에서 이 둘의 운명은 극명하게 갈리게 된다.

태조 이성계는 바로 '돌파의 리더십'을 통해 14세기 동북아시아의 최
고의 강자가 될 수 있었다.

　태조 이성계는 전쟁에 나선 이후 30여 년 동안 한 번도 패한 적이 없는 장
수이다. 격변하는 14세기 동북아시아의 최고의 '전쟁영웅'이 됐다. 이렇듯
수많은 전쟁에서 승리할 수 있었던 것은 바로 '돌파(突破)의 리더십'을 보여
주었기 때문이다.

　돌파는 사전적 의미로 "적의 방어진지의 한 부분을 뚫고 들어가서 적을
분단하고 격파하여 목표를 탈취하는 공격기동의 한 형태"라고 정의하고 있
다.

　돌파의 리더십은 전쟁과 같은 위기 속에서 위기 상황을 극복해 나가는 하
나의 기법이나 기술로 일정한 위기의 조직을 이끄는 리더의 입장에서는 돌
파력이라는 하나의 자질로 설명될 수 있을 것이다.

　이성계는 '나를 따르라'는 솔선수범의 자세를 바탕으로 자신의 친위부대
인 가별초(家別抄)와 함께 자신감 있게 적진을 향해 돌격해 나아갔다. 자신
을 믿고 따르는 병사들과 함께 수많은 전쟁에서 승리를 거머쥔 것이다.

가별초는 1천에서 2천명 규모의 사병집단을 거느렸다. 이틀 길을 하루에 달리고 10배나 많은 적군을 밀어붙이는 강병들이었다. 또한 그에겐 여진족 기병부대도 있었는데 이 부대는 야전에서 정면대결을 펼쳤고 때로는 적군을 습격했다.

한국전투사를 보면 진주대첩이나 행주산성처럼 산성에 의지해 방어전을 펼치거나 진주대첩이나 살수내첩처럼 기세가 꺾인 적을 추격하여 대승을 거둔 경우는 많이 있다. 그러나 이성계 처럼 기병을 이끌고 공세전을 펼치며, 정면대결을 통해 승전을 이끈 경우는 드물다. 또한 방어전이나 추격전에 비해 야전에서의 전투는 고도의 전술전략과 부하들을 이끄는 뛰어난 리더십이 필요하다. 이점에서 이성계는 한반도 최고의 명장이라 부를 만 하다.

이성계는 조선 창업 군주의 이미지가 강하지만 실제는 고려말 최고의 무장이었다. 1361년 독로강만호 박의(朴儀)가 일으킨 반란을 진압했으며 같은 해 직속부대를 거느리고 수도 개경을 점령한 홍건적을 격퇴했다.

이때 이성계의 나이가 26살이었다. 이성계는 아버지 이자춘(1315~1361)이 사망한 후 그의 가별초 부대를 그대로 물려받았다.

1362년 쌍성총관부를 공격해 온 원나라 장수 나하추(納哈出)의 침입을 막아냈으며, 1370년 압록강을 건너 요동의 동녕부(東寧府)를 점령하기도 했다.

제1차 요동정벌에서 고구려의 첫 수도인 오녀산성을 점령하며 여진족과의 전투에서 승리한 것이다. 이후 수차례 왜구 침입을 막아냈으며 1380년 지리산 일대 황산에서 대규모 왜구를 섬멸했다.

황산대첩에서는 "겁이 나는 자는 물러거라. 나는 석에게 숙겠다"며 선두에서 전투를 지휘했다. 이는 모든 전투에서 선봉에서 서서 지휘하는 이성계의 특징이다.

이 황산 전투로 고려 말 왜구 침입은 잦아들게 되었으며, 이성계는 전국적 명성을 얻게 되었다. 1383년 대규모 기병을 이끌고 침입한 여진족 호바

투(胡拔都)를 막아내기도 했다.

이성계는 내부 반란 진압은 물론 홍건적, 몽골, 왜구, 여진 등 동아시아 거의 모든 세력과 싸워 승리했다.

고려 말에는 두 명의 스타가 있었다. 바로 최영과 이성계다.

둘 다 홍건적과 왜구의 토벌로 인기를 얻은 무장들이다. 그 중 최영으로 말하자면 고려의 권문세족 출신이다.

당시 권문세족이라 함은 농업사회의 경제력이라 할 수 있는 대토지를 소유하고 있었고 이를 바탕으로 왕실과 원과 결탁하여 세력을 확장한 가문을 말한다. 이러다 보니 그 출신 자제들은 중국(원)에 유학도 다녀오고 정계에도 음서를 통해 쉽게 진출하였다.

반면에 이성계는 변방 출신의 무장으로 신흥무인세력의 대표주자이다. 이러한 출신의 차이가 성향의 차이를 가져와서 둘 중 하나는 개혁하려 했고 나머지 하나는 혁명하려 했다.

최영이나 이성계 모두 전쟁에서는 지지 않는 '전쟁영웅'이었다. 또한 고려 백성들의 추앙을 받는 장군이었다. 그러나 결정적인 차이는 '시대정신'을 읽는 정세파악 능력이었다. 귀족출신의 최영은 군인으로서 고집스런 면모를 보이며 일방적으로 요동정벌을 밀어붙였다.

이에 반해 이성계는 동북아시아의 외교관계를 살피며 시대정신을 읽는 융통성과 개방성을 보여준다.

최영은 고려를 수호함으로써 자신의 기득권을 지키려 한 것이고 이성계는 새 나라 창업을 통해 시대정신을 실현하려 했던 것이다.

'돌파 정신'을 통해 전쟁에서 승리했지만, 융통성과 개방성에서 이 둘의 운명은 극명하게 갈리게 된다.

태조 이성계는 바로 시대정신을 읽은 융통성이 더해진 '돌파의 리더십'을 통해 14세기 동북아시아의 최고의 강자가 될 수 있었다.

남원 황산대첩, 민중의 영웅으로 떠오르다

황산대첩은 이성계의 '돌파의 리더십'을 가장 잘 보여주고 있다.

본인이 앞장서서 군사들을 이끌고 있다. "내가 먼저 적군에게 죽겠다"는 사즉생(死則生)의 자세로 왜구를 향해 진격했다. 장수의 이런 모습을 보고 군사들의 사기는 충전하게 된다.

황산대첩을 기념하기 위해 만든 사당.
제34회 황산대첩축제(2019년)를 축하하는 화환이 놓여 있다.

1976년 동아일보에 보도된 폭파장면 목격자 인터뷰 기사.

황산대첩 기념비

수일동안 왜구의 피가 흘렀다고 전하는 피바위 모습.

황산(荒山)은 남원시 운봉읍 소재지에서 동쪽으로 약 8km 떨어진 해발 695m의 바위산이다.

1380년(우왕 6)에 삼도순찰사 이성계는 이 산에서 배극렴, 이지란 등과 함께 진포(군산)에서 패한 후 남원지역에 결집해 있던 왜구들과 치열한 전투를 벌여 큰 승리를 거두었다.

황산대첩으로 이성계는 변방을 지키던 장수에서 고려 백성의 영웅으로 부상했고, 이후 정도전과의 만남을 통해 조선 창업(創業)을 이루게 됐다.

황산대첩비에서 바라본 황산의 모습.

조선왕조실록(태조편)에 다음과 같이 기록하고 있다.

왜적의 배 5백 척이 진포(鎭浦)에 배를 매어 두고 하삼도(下三道)에 들어와 침구(侵寇)하여 연해(沿海)의 주군(州郡)을 도륙하고 불살라서 거의 다 없어지고 인민을 죽이고 사로잡은 것도 이루 다 헤아릴 수 없었다.

시체가 산과 들판을 덮게 되고 곡식을 그 배에 운반하느라고 쌀이 땅에 버려진 것이 두껍기가 한 자 정도이며 포로가 된 자녀(子女)를 베어 죽인 것이 산더미처럼 많이 쌓여서 지나간 곳에 피바다를 이루었다.

2, 3세 되는 계집아이를 사로잡아 머리를 깎고 배(腹)를 쪼개어 깨끗이 씻어서 쌀·술과 함께 하늘에 제사지내니, 삼도(三道) 연해(沿海) 지방이 쓸쓸하게 텅 비게 되었다. 왜적의 침구(侵寇) 이후로 이와 같은 일은 일찌기 없었다. 〈태조실록 총서〉

1380년 우왕 8년, 왜구는 500척을 배를 이끌고 한반도 삼남지방을 침입했다. 이전과는 비교가 될 수 없는 규모였다. 말이 왜구지 잘 정비된 군사조직이나 다름없었다. 당시 왜구의 만행을 묘사한 글이 있는데 과장했다기보다는 사실에 더 가까울 것이다.

왜구는 파죽지세로 한반도의 내륙지방으로 파고들어 왔다. 상주를 함락시키고, 이어서 경산부를 지났다. 이들은 6일 동안 주연(酒宴)을 베풀고 관아를 습격했다. 그들은 함양성을 도륙하고, 남원과 광주를 습격한 후 한양을 치겠다고 공언하고 있었다.

고려정부는 배극렴 등 9명의 원수를 파병했으나 대패하고 말았다.

박수경, 배언 2명의 원수와 함께 5백명의 군졸이 전사하고 말았다. 이에 기세등등한 왜구는 함양성을 함락하고 남원으로 향하여 주변 마을을 약탈하고 장차 북쪽으로 진군할 계획이었다.

고려조정에서는 과거 홍건적에 의해 개성이 유린된 적이 있었기 때문에 불안에 떨 수밖에 없었다. 이때 우왕은 이성계를 양광, 전라, 경상 3도의 도순찰사로 임명하고 남원으로 급파한다.

그는 고려의 마지막 희망이나 다름없었다.

태조는 한양에서 남원으로 오는 길에 왜구에게 죽은 고려 백성의 시신이 서로 잇대어 있음을 가엾게 생각하며 편안히 잠도 못자고 밥도 먹지 못했다.

고려 민초들의 실상을 목도한 이성계는 왜구에 대한 적개심이 불타올랐다.

남원에 도착한 이성계는 바로 이튿날 적과 대적하러 갔다. 본래 배극렴 등 남원에 있던 장수들은 적이 험지에 있으니 나올 때까지 기다리자고 소극적인 자세를 취했지만 이성계는 "군사를 일으켜 의기를 내 대적함에 오히려 적군을 보지 못할까 염려되는데 지금 적군을 만나 치지 않는 일이 옳겠는가"라며 적극적인 공세에 나섰다.

이어 적이 주둔한 인월 근처인 운봉현으로 가서 황산 정산봉에 올라 주변 지세를 살펴보았다.

지형을 살펴본바 적이 아군의 배후를 기습할 것임을 예상하고는 바로 선제공격에 나섰다. 왜구들은 이성계의 선제공격에 밀려 산으로 들어갔다. 산에서의 싸움은 워낙 치열해서 이성계는 왼쪽 다리에 화살을 맞을 정도였다.

왜구 장수 아지발도와의 싸움에서 이성계의 돌파 리더십은 정점을 보인다. 황산전투에서 가장 큰 걸림돌인 아지발도를 스스로 진격해 제거함으로써 전쟁을 승리로 이끌었다.

당시 전쟁의 모습을 태조실록은 이렇게 적고 있다.

> 적의 장수 한 사람이 나이 겨우 15, 6세 되었는데, 골격과 용모가 단정하고 고우며 사납고 용맹스러움이 비할 데가 없었다. 흰 말을 타고 창을 마음대로 휘두르면서 달려 부딪치니, 그가 가는 곳마다 쓰러져 흔들려서 감히 대적하는 사람이 없었다.
>
> 우리 군사가 그를 아지발도라 일컬으면서 다투어 그를 피하였다. 아지발도는 갑옷과 투구를 목과 얼굴을 감싼 것을 입었으므로, 쏠 만한 틈이 없었다.
>
> 태조가 말했다.
>
> "내가 투구의 정자(頂子)를 쏘아 투구를 벗길 것이니 그대가 즉시 쏘아라." 하고는, 드디어 말을 채찍질해 뛰게 하여 투구를 쏘아 정자를 바로 맞히니, 투구의 끈이 끊어져서 기울어지는지라, 그 사람이 급히 투구를 바르게 쓰므로, 태조가 즉시 투구를 쏘아 또 정자를 맞히니, 투구가 마침내 떨어졌다. 두란이 곧 쏘아서 죽이니, 이에 적군의 기세가 꺾여졌다.
>
> 태조가 앞장서서 힘을 내어 치니, 적의 무리가 쓰러져 흔들리며 날랜 군사는 거의 다 죽었다. 적군이 통곡하니 그 소리가 만 마리의 소 울음과 같았다. 냇물이 모두 붉어 6, 7일 동안이나 빛깔이 변하지 않으므로 사람들이 물을 마실 수가 없어서 모두 그릇에 담아 맑기를 기다려 한참 만에야 물을 마시게 되었다. 〈태조실록 총서〉

태조실록을 살펴보면 왜구와 고려군이 서로 대치하면서 멀리 마주하고 있을 때였다. 온몸에 철갑옷을 입고 머리에는 투구를 쓴 '아지발도'를 잡을 방도가 마땅치 않았다. 아무리 명궁이라 한들 갑옷과 투구를 뒤집어 쓴 장수여서 화살이 들어갈 자리가 없었기 때문이다. 그래서 이성계는 부장인 이지란과 작전을 세웠다.

'먼저 자신이 아지발도의 투구를 맞춰 투구를 떨어트릴 것이니 그 순간을 놓치지 말고 이지란 에게 바로 화살을 쏘아 아지발도의 머리를 쏘라'는 것이었다.

전무후무한 두 사람의 화살 작전은 맞아 떨어져 왜구의 장수 아지발도가 이성계의 화살에 투구가 벗겨지자 곧바로 쏜 이지란의 화살이 아지발도의 머리를 뚫어버린 것이다.

이성계와 이지란이 쏜 단 2발의 화살로 왜장을 처치하자 믿었던 장수를 잃은 왜구는 기세가 꺾여 완전히 궤멸될 수밖에 없었고 사기가 충천한 고려군은 대승을 거두며 왜구를 완전히 소탕하게 된 것이다.

『태조실록』 총서에는 "태조가 하늘의 해를 가리켜 맹세하고 좌우에게 이르기를 '겁이 나는 자는 물러가라. 나는 적에게 죽을 터이다'라고 하니 장사들이 감동되어 용기백배하여 죽음을 각오하고 싸웠다."(太祖誓指天日, 麾左右日: '怯者退, 我且死賊!' 將士感厲, 勇氣百倍)라고 이성계의 영웅적인 활약상을 기록하고 있다.

말을 1천 6백여 필을 얻고 무기를 얻은 것은 헤아릴 수도 없었다. 처음에 적군이 고려 군사보다 10배나 많았는데 다만 70여 명 만이 지리산으로 도망쳤다.

이성계가 승전하고 군대를 정돈하여 돌아오니 판삼사 최영이 백관(百官)을 거느리고 줄을 지어 영접했다. 최영이 이성계의 손을 잡고 눈물을 흘리면서 말하기를 "공(公)이 아니면 누가 능히 이 일을 하겠습니까?" 했다.

이에 이성계가 머리를 숙이고 사례하기를 "삼가 명공(明公)의 지휘를 받들어 다행히 싸움을 이긴 것이지 내가 무슨 공이 있겠습니까? 이 직들의 세력은 이미 꺾였사오니 혹시 만약에 다시 덤빈다면 내가 마땅히 책임을 지겠습니다"고 했다.

최영은 말하기를 "공(公)이여! 공이여! 삼한이 다시 일어난 것은 이 한번 싸움에 있는데 공이 아니면 이 나라가 장차 누구를 믿겠습니까?" 라고 했다.

우왕이 금(金) 50냥을 내려 주니 이성계는 사양하면서 말하기를 "장수가 적군을 죽인 것은 직책일 뿐인데 신(臣)이 어찌 감히 받을 수 있겠습니까?"라며 사양했다고 한다.

홍건적을 무찌르다

태조 이성계는 1362년 고려를 침입한 홍건적을 무찌르면서 고려 조정에 얼굴을 알리게 된다. 난세에 영웅이 난다고 홍건적의 난으로 인해 변방의 장수 이성계는 고려 조정에 신고식을 제대로 치르게 된다.

홍건적(紅巾賊)은 원나라 말기(1351년) 하북과 강남 일대에서 일어난 한족 반란군 중 하나로 백련교도들이 중심이 되어 봉기했다. 홍건이란 것은 황건적처럼 머리에 붉은 수건을 두르고 다닌 것에서 유래했다.

홍건적은 당시 유행하던 비밀결사인 백련교(白蓮敎)를 업고 우두머리가 미륵불을 자처하며 큰 세력으로 성장해 중국의 각지를 점령했다.

홍건적은 원나라와 벌인 전쟁의 물자를 구하기 위해 1357년부터 1360년까지 여러 차례 2~3천 명의 소규모로 고려를 침범한다.

홍건적이 고려를 침공한 이유는 중국 본토에서 주원장 세력에 밀리고 만주지역에서 원나라에 쫓기면서 상대적으로 세력이 약한 한반도 지역의 고려가 그들의 타깃이 됐기 때문이다. 중원에서 세력을 뺏긴 홍건적들이 압록강을 넘기 시작했다.

홍건적의 침입은 고려사회에 큰 혼란과 변화를 안겨주었다. 이들의 침략으로 국가의 지배력이 크게 약화됐고 권세가들에 의한 토지수탈이 심해졌다. 또한 홍건적을 격퇴하는 과정에서 최영과 이성계라는 두 영웅이 탄생했다.

만주로 진출한 홍건적은 랴오양(遼陽)을 점령했다가 원나라 군대에게 쫓기게 되자 홍건적은 퇴로를 한반도로 잡아 1359년(공민왕 8)에 고려를 침범

홍건적 전투 상면

했다.

이 해 12월 홍건적의 장군 모거경(毛居敬) 등은 4만의 무리를 이끌고 결빙된 압록강을 건너 일거에 의주·정주·인주·철주 등을 차례로 함락하고 이어 서경(西京, 평양)을 함락했다. (1차 침입)

그러나 고려군의 맹렬한 반격을 받아 서경을 버리고 퇴각하다가 다시 고려군의 추격을 받고 궤멸되어 겨우 잔병 300명이 압록강을 건너 달아났다.

그 후 홍건적들은 수군을 동원하여 황해도와 평안도의 해안지대를 침범하다가 1361년 10월에 반성·사유·관선생 등이 10만여 명의 홍건적을 이끌고 압록강의 결빙을 이용하여 고려의 영내에 침입했다. (2차 침입)

최영과 이자춘 등을 중심으로 고려군이 필사적으로 대항했으나 결국 밀리고 만다.

홍건적들이 개경 인근까지 밀고 들어오자 다급해진 공민왕은 태후와 공주를 대동하고 남쪽으로 파천을 모색한다. 이 때 최영 장군이 통곡하며 왕에게 "조금만 더 머물면서 군사를 모집하고 종사를 지키자"고 간청했으나 왕은 남쪽으로 파천을 결심하기에 이른다.

얼마나 다급하게 피난이 이뤄졌던지 왕이 숭인문을 나서자 "늙고 어린 자들은 땅에 넘어지고, 자식을 버리고 짓밟혀 깔린 자가 들판에 가득했으며 우는 소리가 천지를 진동했다"고 고려사는 이 상황을 묘사했다.

이처럼 다급한 파천 길이라 공주마저 가마를 버리고 말을 탔는데 말이 병들고 약해 제대로 달리지 못하자 보는 이들이 모두 울었다.

왕의 일행은 이처럼 경황없이 남행길을 재촉한다.

도지휘사 이방실, 상원수, 안우 등이 홍건적과 대적하여 싸웠으나 중과부적으로 패하여 개경은 이들의 손에 함락됐다.

홍건적은 이후 수개월 동안 개경을 중심으로 머물면서 온갖 만행을 다 저지르는데 사람을 잡아 굽거나 임산부의 젖을 구워먹는 등 차마 입에도 담지 못할 끔찍한 일들을 저지르고 다녔다.

이 해 12월 경북 안동에 다다른 공민왕은 정세운(鄭世雲)을 총사령관으로 임명하며 홍건적 토벌의 명을 내렸다.

1362년 1월이 되자 총병관 정세운은 이방실·안우·김득배 등 원수(元帥) 들과 함께 군을 수습, 홍건적을 크게 무찔러 개경을 수복하고 난을 평정했다.

개경을 수복할 때 동북면의 상만호였던 이성계는 친병 2천여 명을 거느리고 개성탈환 작전에 참전했다. 신궁이었던 이성계는 선봉에서 적장 사유·관선생 등의 목을 베는 등 큰 공을 세워 두각을 나타냈다.

홍건적은 고려의 맹공격에 10만 군사가 몰살당할 정도로 큰 타격을 입고 압록강 너머로 모두 퇴각했다.

이성계가 홍건적을 무찌르고 개경을 탈환하는 모습을 태조실록은 다음과 같이 기록하고 있다.

> 야밤을 틈타 적이 포위를 뚫고 달아나려고 하자 태조가 급히 동문까지 달려갔다.
> 양쪽 군사들이 앞서 나가려고 문 앞에서 다투자 혼잡이 벌어졌다. 곧 뒤에서 달려온 적군이 창으로 태조의 오른쪽 귀 뒤를 찌르려고 할 찰나였다. 태조는 순식간에 칼을 뽑아 7, 8명을 베고 말을 채찍질해 성을 넘어 달려갔다. 〈태조실록〉

동북면 출신의 무장 이성계는 홍건적의 난을 평정하면서 철옹성 같은 권문세족의 틈바구니를 뚫고 중앙무대에 얼굴을 내밀게 된다.

몽골의 신흥 군벌, 나하추와의 전투

14세기 중국은 원과 명의 교체기였다. 그러나 몽골의 군대는 비록 중원은 빼앗겼지만 결코 호락호락하지 않았다. 심양을 수도로 삼고 요동과 서부 일대를 지배하며 새로운 몽골인 제국을 꿈꾸고 있던 군벌이 있었으니 그가 바로 나하추(納哈出)였다.

그는 혼란을 틈타 만주의 패자가 되고자 하는 야심을 품었다.

먼저 만리장성을 넘어 명나라를 습격한 후 그들의 공격을 차단했다. 그 공백을 틈타 간도를 석권하려 했다. 간도 진출의 교두보가 되는 곳이 바로 쌍성총관부(고려 동북면, 현재의 함경도 일대)였다.

1362년 7월 나하추의 대군이 동북면을 침공했다.

홍건적과 왜구의 전쟁으로 국력이 바닥난 고려는 나하추에게 대항할 군대가 없었다. 고려의 유일한 희망은 동북면의 패자인 이자춘 이었는데 전쟁을 앞두고 갑자기 사망한다.

동북면 군대의 지휘권이 당시 겨우 20세였던 이성계에게 인계됐다.

고려가 99년만에 수복한 쌍성총관부는 물론 또 한 번의 전운이 북쪽 국경인 두만강으로 밀려오게 됐다.

이성계가 무장으로써 본격적인 명성을 날리게 된 것은 나하추와 전투를 벌이면서이다. 이 전투는 1362년 동북면에서 일어났다. 이 전투는 젊은 무장 이성계가 본격적으로 '상승장군'의 길을 걷게 되었던 전투일 뿐 아니라 14세기 말 동아시아의 국제 정세에서도 매우 중요한 전투라고 할 수 있다.

나하추의 침입을 막기 위해 고려 조정에서는 이성계를 동북면병마사로 파견했다.

당시 이성계는 신예장수였다. 물론 홍건적 침입 당시 개경 탈환전에서 가별초 2천명을 이끌고 동대문을 돌파하는 저력을 보여주었지만 어디까지나 지휘를 받는 부장으로 참전한 것이었다.

이제 그는 직접 지휘를 하는 사령관으로서 전투를 수행하게 되었다.

이성계로서는 자신이 사령관으로의 능력을 검증받는 전쟁이었다. 또한 나하추 세력에게는 다시금 고려에 대한 영향력을 행사할 수 있는 매우 중요한 일전이었다.

14세기말 동북아시아 국제정세

1362년 동북면 전투는 〈고려사〉〈공민왕세가〉, 〈조선왕조실록〉〈태조총서〉에 상세히 실려 있다.

양군의 전력에 대해서는 제대로 가늠하기는 어렵지만 〈고려사〉 등의 기록을 통해서 보면 나하추의 전력은 수만, 이성계의 전력은 수백에서 수천이었다. 10배가 훨씬 넘는 전력이었다.

이성계의 나하추에 대한 승리를 노래한 송축가. 시용향악보

나하추 군대 모습

그럼에도 불구하고 이성계 군대가 나하추 대군을 격파할 수 있었던 것은 이성계의 뛰어난 지도력과 함께 함경도의 지리에 익숙했던 이성계의 전략이 주효했기 때문이다.

이성계는 나하추와 함흥평야에서 결전을 펼친다. 산악지형이 아닌 평야지대에서 승리는 나하추 것에 가까이 있다.

이성계는 도주했고 나하추는 추격했다. 나하추는 승리를 거머쥐는 듯 했다.

그러나 이성계에게는 지금까지 숨겨왔던 최후의 한 수가 숨겨져 있었다. 나하추는 고려군의 규모를 알지 못했다. 이성계는 전체 병력의 규모를 숨겨왔던 것이다. 나하추가 이성계를 따라잡을 만 한 곳에서 삼면에서 고려군이 출현했다.

이성계는 결전을 앞두고 병력을 삼등분해서 각각 다른 길을 따라 한 지점으로 모이게 했다. 그리고 자신이 한 부대를 거느리고 이 지점으로 나하추를 유인했다.

예상치 못한 고려군의 출몰로 나하추군은 공황상태에 빠졌고 삼면에서 공격당했다. 나하추는 소수의 병력을 거느리고 간신히 전장을 탈출할 수 있었다.

나하추와 결전을 펼친 함흥평야 전투는, 이성계가 활이나 칼만 잘 쓰는 장군이 아니라 병법을 활용할 줄 아는 전략가임을 알 수 있다.

산악지대에서 이성계에게 패한 나하추가 이를 만회하기 위해 평야지대로 이성계를 유인한 것이다.

이성계는 이를 알고 스스로 위험 속에 들어갔다가 다시 적을 유인하는 계책을 쓴다. 나하추는 이성계가 도망가는 것이라고 믿고 추격했나가 결국 자신의 대부분의 병사를 사지로 내몰고 겨우 자신의 목숨만 유지한 채 도망간 것이다.

적이나 아군이나 사용할 수 있는 패는 정해져 있다. 예상치 못한 기발한

패를 창안하는 건 매우 특수한 경우다. 결국 승부의 관건은 내가 사용할 패를 상대방이 예측하지 못하게 하는 것이다.

이것을 위해서는 이성계의 전투처럼 지형, 병사의 심리, 리더십 등 모든 것을 동원해 전황을 내 페이스로 끌고 가야 한다. 모든 명장들이 하나 같이 전투의 승리를 위해 주도권을 장악하라고 강조하는 것도 이 때문이다.

주도권이란 곧 패의 선택에서 우선 순위를 확보하고 자신에게 가용한 패는 점점 더 많게 상대에게는 점점 더 적게 만들어 적군을 초초하게 만들어 가는 것이다.

기업에서 미래의 주도권 확보를 위한 투자와 준비도 이런 맥락에서 이뤄져야 한다. 단순히 첨단 기술 분야에 대한 투자에만 그쳐서는 안 되며 인력, 조직, 사기, 행동방식, 리더십 등 모든 요인에서 주도권을 갖기 위해 훈련과 준비에 임해야 된다는 사실을 명심하자. *주5

1362년 동북면 전투에서 이성계에 패배함으로써 나하추의 고려 침공 계획은 무산되었다.

나하추의 군사력에 힘입어 쌍성총관부를 수복하려고 했던 조소생도 도망가다가 여진 지역의 다루가치에게 피살되었다. 이로써 고려의 동북면 지배는 확고해졌고 아울러 이성계의 동북면에서의 영향력과 사령관으로서의 영향력도 확고해졌다.

나하추는 요동에서 여전히 굳건한 세력을 자랑했지만 더 이상의 세력 확장을 하지 못했고 고려에 대해서도 예물을 보내는 등 타협적인 관계를 추구했다.

다음은 나하추가 고려에 타협을 요청하면서 한 말이다.

나하추가 말하였다. "내가 본디 고려와 싸우려고 한 것이 아닌데, 공민왕이 나이 젊은 이 장군(李將軍, 이성계)을 보내어 나를 쳐서 거의 죽음을 면하지 못할 뻔

---

*주5 '용병의 신' 이성계, 나하추의 꿈을 꺾다. 임용한, 동아비즈니스리뷰, 2014

하였소.

　이 장군께서 평안하신가? 나이 젊으면서도 용병(用兵)함이 신(神)과 같으니 참
으로 천재(天才)이오! 장차 그대 나라에서 큰일을 맡을 것이오." 〈태조실록 총서〉

　조선건국 다음 해인 1393년 정도전은 나하추를 격퇴한 태조의 무공을 찬
양하는 송축가를 지었다.

　전체 4장인데, 제1장은 납씨(나하추)가 강한 병력을 믿고 고려 동북방에
침입하여 행패가 심하였으나 저항하기 어려웠음을 노래했다.

　제2장은 태조가 납씨보다 더 용맹하여 그 요새를 공격하여 나하추와 그
의 비장(裨將)을 죽였음을 찬양했다.

　제3장은 태조의 무력이 강하고 공격하는 속도가 빨라 적이 바람소리와
학의 울음소리만 들어도 태조의 추격인 줄 알고 놀랐다는 내용이다.

　제4장은 마침내 적이 태조를 대적할 수 없어 물러나니 영원히 나라에 근
심이 없어졌으므로 그 공덕은 천만년에 빛날 것임을 노래했다.

　14세기 후반부 요동지역에서 나하추는 명과 북원 그리고 고려 사이에서
균형추 역할을 했다. 이성계는 나하추를 물리침으로써 쌍성총관부를 지켜
낼 수 있었고 동북면에서 확실하게 자신의 입지를 다질 수 있었다. 또한 이
자춘의 아들이 아닌 이성계 장군으로서 존재감을 드러내게 된다.

　고려에 패배한 이후 나하추는 명과 계속해서 대립했다. 그러나 북원 세
력이 약화되면서 명이 20만 대군을 이끌고 요동정벌에 나서자 1387년 명에
항복하게 된다.

　이로써 명은 요동지방에 대한 지배를 확대하면서 고려와 영토분쟁을 일
으키게 된다. 바로 고려 땅에 철령위를 설치하고 명나라 땅임을 선포했다.

　이에 격분한 고려는 1388년 요동정벌을 실시하게 된다.

요동정벌, 오녀산성을 점령하다

　1356년 공민왕은 반원정책을 통해 친원파를 모두 처단하고 천리장성을

넘어 '의주-강계-길주'로 이어지는 지역까지 영토를 확장했다. 이뿐만 아니라 1370~1371년에 요동에 출병해 남만주 지역, 요동성, 오녀산성(五女山城)을 점령했다.

원명 교체기의 권력 공백을 노린 과감한 결단이었다.

역사를 돌아보면 그것은 한반도 국가가 요동을 차지할 마지막 기회였다.

고려의 국력이 조금만 더 강했다면 요동은 고려의 영토가 되었을 것이다. 하지만 안타깝게도 당시 고려의 국력으로는 점령 지역을 지킬 여력이 없었다.

공민왕은 말년에 황음(荒淫)에 빠져 왕조의 멸망에 일조했다.

하지만 그의 북방영토 회복과 뛰어난 국제정치감각은 높은 역사적 평가를 받아야 마땅하다.

오녀산성을 점령하라

이성계는 공민왕의 명령에 따라 수차례 요동정벌에 참여했고 승리의 주역이 됐다.

그 첫 번째는 1370년 1월 겨울에 이루어졌다. 고려는 요동성으로 가는 주요 요충지인 고구려의 첫 수도 오녀산성을 공략한다.

오녀산성은 고구려의 첫수도인 졸본으로 추정되는 곳이다.

오녀산성은 오녀산에 있으며 높이 200m에 이르는 천연의 절벽을 그대로 이용하면서 산세가 비교적 완만한 동쪽과 남쪽에만 성벽을 쌓았다.

천연의 절벽으로 둘러싸인 오녀산성

산성의 남북 길이는 600여m, 동서 너비는 130~300여m이며 성 안에 저수지와 망대, 병영터 등이 남아 있다.

2004년에 유네스코 세계문화유산으로 등재되었다.

이성계는 기병 5천 명과 보병 1만 명을 거느리고 동북면으로부터 행군해 압록강을 건넜다.

이날 저녁 하늘에 자줏빛 기운이 가득 찼는데 그 빛줄기가 모두 남쪽으로 뻗어 있었다. 서운관(書雲觀, 고려 천문대)에서 그것을 두고 맹장(猛將)의 기운이라고 보고하자 공민왕이 "내가 이성계를 보내니 하늘에서 응답한 것이 틀림없다"라고 기뻐했다.

공민왕은 원명교체기에 요동지역이 힘의 공백이 생긴 틈을 타 오랜 숙원 사업이었던 요동정벌을 단행한 것이다.

당시 요동 지역에는 원나라가 물러갔지만 군벌세력들이 자리잡고 있었다.

우선 몽골의 군벌세력인 나하추가 북만주 깊숙한 지역인 장춘에 세력을 키워가고 있었다. 요동성 일대에는 기황후 일족인 기사인테무르가 할거하고 있었다. 또한 오녀산성에는 이오로테무르가 주둔하고 있었다. 특히 기사인테무르는 쌍성총관부를 지배했던 기철의 아들로서 공민왕에게는 반드시 제거해야할 대상이었다.

이성계는 오녀산성을 거쳐 요동성을 정복해야 했다.

이오로테무르는 이성계가 진격해 온다는 말을 듣고 오녀산성 안에서 험한 지세에 의지해 저항하려 했다. 그러나 여기서 반전이 일어난다.

이성계가 야두촌(也頓村)에 당도하자 이오로테무르기 와시 결투를 빌이다가 잠시 후 무장을 해제하고 큰 절을 올리며 "제 선조도 본디 고려인이니 저도 고려의 신하가 되겠습니다"고 하면서 3백여 호를 거느리고 투항해 왔다.

이오로테무르는 뒤에 이원경(李原景)으로 이름을 고쳤다. 이원경은 이지란과 더불어 이성계의 장수로 활약하게 된다. 이원경은 투항했으나, 우두머리인 고안위가 휘하의 군사를 거느리고 계속 저항했다.

이때 이성계는 자신의 뛰어난 궁술을 활용해 군사들의 사기를 높이는 퍼포먼스를 진행한다.

이성계는 자신의 활도 아닌 부하의 활로 편전(片箭) 70여 발을 쏘았는데, 이 화살들이 모두 적군의 얼굴을 명중시켰다. 이에 성안에 있던 군사들은 기세가 꺾여버렸으며 고안위는 처자도 내버려둔 채 밤중에 밧줄을 타고 도주해 버렸다.

이튿날 두목 20여 명이 무리를 이끌고 성을 나와 투항했으며 이 소식을 들은 여러 성들도 모두 투항해 오니 1만을 넘는 민호가 이성계에게 고개를 숙였다.

노획한 소 2천여 두와 말 수백여 필을 모두 원래의 주인에게로 돌려주자 수많은 북방 사람들이 크게 기뻐하며 물결같이 귀순해 왔다.

이에 따라 동쪽으로 황성(皇城), 북쪽으로 동녕부, 서쪽으로 바다, 남쪽으로 압록강에 이르는 광범한 지역에서 적이 일소되었다. 〈고려사, 공민왕 19년 봄 정월 기사〉

편전은 여러 개의 화살을 동시에 쏠 수 있는 무기로 고난도의 무기였다.

그런데 이성계는 자신의 활도 아닌 남의 활을 빌려 쏜 것이다. 이 광경을 본 오녀산성 속의 적들은 사기가 곤두박질쳤고, 마침내 적장이 도망가기에 이르렀다.

이성계는 1만5천명의 병력을 이끌고 동북면 → 함흥 → 강계를 거쳐 압록강을 건너 오녀산성을 쳤다.

훗날 용비어천가에 이성계가 요동을 정벌할 때 활약한 모습이 담겨 있다.

천혜의 요새 오녀산성을 공략할 때 이성계의 활약이 더욱 빛을 발했다.

기사인테무르를 무찌르고 요양성을 함락하다

이성계가 오녀산성을 점령하면서, 고려는 요동지방에 진출할 수 있는 교두보를 마련했다. 이 소식이 근방으로 퍼지자 근처에 있던 여러 성들이 고려군에게 항복해 왔다. 또한 이성계에게 투항해온 사람들의 숫자만 약 5만명(1만호)에 이른다.

공민왕은 요동을 치기 위한 때를 기다리던 중 자신이 숙청했던 기철의 아들인 기사인테무르가 요동의 동녕부에서 원나라 유민들을 모아 "아

요동성 복원도

버지의 원수를 갚겠다"며 고려의 북쪽 변경을 침공하는 사건이 일어났다.

이에 공민왕은 기사인테무르의 침공을 막아낸 이후, 1370년 10월 이성계, 이인임, 지용수에게 군사를 내어주며 본격적인 요동정벌을 명령한다.

장수 홍인계, 최공철 등으로 하여금 경기병 3천 명을 거느리게 하여 요성에 나

이성계의 요동정벌

아가 습격하니 저들이 우리 군사가 적은 것을 보고 쉽게 생각하여 더불어 싸웠는데 대군(大軍)이 잇따라 이르자, 성안에서 바라보고는 낙담했다. 〈동국통감 권 49 고려기 공민왕 19년〉

11월 고려군이 압록강을 건너자 갑자기 폭풍우가 몰아치고 번개가 내려치자 군사들이 동요했다. 이에 "용이 움직일 때는 반드시 우레가 치고 비가 내리는 법이다. 지금 상원수(上元帥)

수의 이름이 용인데 그분이 강을 건널 때 우뢰가 치고 비가 내리니 이는 전투에서 승리할 조짐이 틀림없다"고 군사들을 격려했다.

이성계 군대에 식량이 많지 않았기 때문에 속전속결로 전투를 끝마쳐야했다. 그래서 기병으로만 3천명을 구성해 요양성으로 공격했다. 이를 본 기사인테무르는 3천명의 숫자를 깔보고 성에서 밖으로 나와 전투를 시도했는데, 이후 고려 본대가 도착해 이들을 싹 쓸어 버렸다.

모든 조건들이 갖춰진 고려군은 곧바로 요양성을 향해 맹렬한 기세로 공격해 들어갔다.

고려군이 요양성을 공략하자 기사인테무르 역시 필사적으로 방어에 나섰다.

예로부터 천혜의 요새라 불리던 요양성의 성벽 위에서 화살이 비 오듯이 쏟아졌다. 이에맞서 고려군은 쏟아져 내려오는 돌과 화살을 무릅쓰고 맹렬하게 성벽을 올랐다. 그리고 고려군은 하루 만에 요양성을 함락하는 쾌거를 이루었다.

이성계는 요양성을 공격하면서 심리전도 함께 펼쳤다.

"요동땅은 원래 고려땅 이었고 요동백성은 고려백성인데 이제 되찾으러 간다. 이번 전쟁은 반역자 기사인테무르를 사로잡고자 하는 전쟁이므로 이를 발견하는 자는 즉시 고려군에게 인도해 줄 것을 요청한다"는 대자보를 곳곳에 붙였다.

이 지역은 고려인, 몽골인, 여진족, 거란족, 한족 등 다양한 민족들이 얽히고 설키면서 살아가는 지역이었다. 그래서 한 지역을 점령하고 통치하기 위해서는 민심을 사로잡는 것이 가장 필요했다.

이 지역 사람들도 힘의 판도에 따라 줄서기에 능한 사람들이었다. 수만 명이 이성계 군대에 귀순했다는 것은 원, 명 교체기 시대에 요동주민들이 이성계의 파워를 인정했다는 말이기도 하다.

이성계의 또 하나의 장점은 인재를 각별히 애호했다는 점이다. 그와 싸윘던 많은 적장은 이성계의 휘하가 됐다.

조무(趙武)는 원래 원나라 장군으로 경원의 공주(孔州)에 침입했다.

이성계는 그의 군사적 능력을 아껴 화살로 수십 번 그를 맞혔지만 죽이지 않았다. 조무는 이성계의 부하가 됐다.

처명(處明)은 여진족 장군으로 공민왕 19년 요동 정벌 때 이성계의 휘하가 됐다.

이때 이성계의 무용담이 '용비어천가'와 '고려사' 지용수 열전에 기록되어 있다.

"기사인테무르 수하에 처명이라는 장수가 있었는데 불리한 상황에서도 싸움을 잘했다. 이를 본 이성계는 이원경에게 항복 권유를 하라고 지시했다.

하지만 처명은 이를 단칼에 거부했다. 이에 이성계는 활을 쏘아 처명의 투구를 날려버렸다. 그리고 다시 항복을 권유했다. 이번에도 처명이 거부하자, 이번엔 허벅다리를 맞춰버렸다.

상처를 입은 처명은 이를 치료한 이후 다시 싸움을 걸어왔고, 이에 이원경이 "이번엔 반드시 자네 목숨이 날아갈 것이네"라고 설득하자 결국 말에서 내려 머리를 조아리며 이성계에게 충성을 맹세했다.

처명은 이후 많은 전장에서 이성계와 함께 했고 특히 황산대첩에도 참여해 위기에 빠진 이성계를 구해내는 공훈을 쌓기도 했다.

이렇게 전장에서 스카우트 한 많은 장수들이 이성계 곁에 있었다. 그 대표적인 장수가 이지란에 이어 이원경, 조무, 처명 등의 장수이다. 이들은 이성계에게 투항한 이후 전쟁터에서 이성계를 보좌하며 충성을 다하게 된다.

요동정벌의 의미

이성계는 1370년 11월 발해가 멸망한 지 445년 만에 고려인으로서 요동 점령에 성공한다. 또한 민심을 고려로 돌리기 위해 "요동은 원래 고려 땅으로 압록강을 건너와 우리의 백성이 되기를 원하는 자는 양식과 종자를 주어 생업에 안착하게 해주겠다"고 귀화책을 제시한다.

그러나 뜻하지 않는 사태가 발생한다. 요양성에 있던 군량고에 불이나 고려에서 가지고 온 식량이 모두 불타 버렸다. 이 때 고려의 사정도 어렵다 보니 보급이 제대로 이루어지지 않았다.

북쪽의 나하추가 호시탐탐 노리고 있었고 남쪽의 왜구가 고려를 괴롭히고 있어서 본국에 군대가 필요한 시점이었다. 결국 고려는 요동을 포기하고 철군을 결정하게 된다.

조선 후기 실학자 다산 정약용은 공민왕의 요동정벌에 대해 다음과 같이 평가를 내리고 있다.

나는 요동을 수복하지 못한 것은 나라를 위해 다행한 일이라 생각한다.

요동은 중국과 오랑캐가 왕래하는 요충지이다. 여진(女眞)은 요동을 거치지 않고는 중국에 갈 수 없고, 선비(鮮卑)와 거란(契丹)도 요동을 차지하지 못하면 적(敵)을 제어할 수 없고, 몽고(蒙古) 또한 요동을 거치지 않고는 여진과 통할 수가 없다.

진실로 성실하고 온순하여 무력(武力)을 숭상하지 않는 나라로써 요동을 차지하고 있게 되면 그 해로움은 이루 말할 수 없을 것이다. 요동을 차지하고 있을 경우, 서로 화친한다면 사신(使臣)의 접대에 드는 비용과 병정(兵丁)을 징발하여 부역시키는 일 때문에 온 나라의 힘이 고갈되어 지탱할 수 없게 될 것이고, 또 서로 사이가 좋지 않게 된다면 사면에서 적의 침략을 받아 전쟁이 그칠 때가 없을 것이므로 온 나라의 힘이 고갈되어 지탱할 수 없게 될 것이다. 〈여유당전서, 요동편〉

불운의 개혁군주 공민왕

고려는 제31대 공민왕(恭愍王) 시대에 실질적으로 막을 내린 것이나 마찬가지다.

고려가 조금 더 국가로서의 위용을 대내외에 과시하며 오래도록 융성하려면 공민왕의 개혁정치가 성공했어야 한다. 그것은 공민왕이 이미 썩을 대로 썩은 정권을 물려받았다는 것을 의미한다. 고려의 부패는 100년 가까이 계속된 원나라의 강점(强占)에서 비롯된 것이었다.

공민왕은 충숙왕의 둘째 아들이며, 충혜왕의 동복아우다. 초명은 기(祺),

이름은 전(顓)이고 바이앤티무르(伯顔帖木兒)라는 몽고식 이름을 가지고 있었다.

1330년에 태어난 공민왕은 12살 때 전례에 따라 볼모로 원나라 수도인 연경으로 보내진다.

대략 그곳에서 10년을 살았었다. 그는 이때 그림과 글씨를 익혔는데 고려 역대 왕들 중 가장 훌륭한 작품을 남길 만큼 예술적 성취도가 높았던 사람이다.

21세 때 원나라 위왕(魏王)의 딸 노국대장공주(魯國大長公主) 보타시리(寶塔實理)와 결혼하면서 보위에 오르는 찬스를 잡은 것이었다.

공민왕은 연경에 오래 살았던 덕분에 원의 내정을 환히 알고 있었다.

중국 각지에서 반란이 일어나는 것을 보고 원나라의 멸망이 멀지 않았음을 간파한 공민왕은 즉위하자마자 몽고식 변발을 풀어헤치고 원나라 옷을 벗어 던진 다음 고려왕 복장을 하는 것으로 영토와 국권을 회복하려는 의지를 천명했다.

공민왕의 대표적 업적은 쌍성총관부 수복과 성리학의 도입을 들 수 있다.

공민왕은 원나라가 점유하고 있던 동북면 땅인 쌍성총관부를 정벌하자는 계획을 세웠다.

1356년 고려 정부군이 쌍성총관부를 공격하자 이자춘이 동북면에서 함께 군사를 일으켰다. 이에 고려는 쌍성총관부를 99년 만에 수복했다.

공민왕은 굳건한 권문세족을 무너뜨리기 위해 새로운 세력 즉 신진사대부를 키우고 있었다.

신진사대부의 '사대부'란 과거 시험을 통해 관직에 오른 이들을 말하는 용어 음서 출신이 많았던 권문세족과 출신부터가 내비됐나.

신진사대부는 문벌 귀족, 불교 세력과 대립각을 세우며 공민왕의 개혁 정책을 뒷받침해 나갔다.

재위 초반 고려의 자주독립과 여러 개혁정치에 노력을 기울인 공민왕이

공민왕과 노국대장공주

었지만 복잡한 국제정세 속 반란과 잦은 전쟁은 공민왕의 인격을 파탄 냈고 노국대장공주의 죽음은 그를 폐인으로 만들기에 이르렀다.

이후 집권 말기로 접어든 공민왕시대의 고려는 혼돈 그 자체였다. 공민왕은 자제위(子弟衛)를 만들어 나이 어린 미소년들을 뽑아 들인 다음 그들과 동성애를 즐기거나 관음증에 빠져 지냈다.

공민왕의 개혁 실패는 결국 고려의 망국으로 이어진다. 그러나 이성계에게는 새로운 나라를 창업할 수 있는 기회가 주어진 것이다.

이성계는 쌍성총관부 수복을 통해 고려 조정에 이름을 알렸고, 공민왕이 키운 사대부와 함께 새로운 나라 조선을 개국하게 된다.

최영과 이성계의 리더십

이성계가 고려 조정의 수문하시중이 되었을 때 꿈을 꾸었는데, 여기에 최영에 대한 생각이 들어나고 있다. 어리석은 최영이 아닌 자신이 나라를 바로잡아야 한다는 것이다.

고려 말엽 무장으로 크게 두각을 나타낸 이성계가 우왕 14년(1388) 수문하시중(守門下侍中, 국무총리급)에 올랐는데 그날 밤 꿈에 한 도사가 나타나 금으로 만들어진 자(金尺)를 주며 이렇게 말하더라 했다.

"도통사 최영은 곧지만 조금 어리석으니, 이것을 갖고 나라를 바로 잡을 사람은 공이 아니고 누구리요!" 평소에 품었던 생각이 잠자는 동안에 나타나는 환상이 곧 꿈이 아니던가. 〈태조실록 1권〉

최영 장군은 원칙주의자이며 명령과 체계를 중시했다.

즉 공적인 관계로만 조직을 다스렸다. 그리고 그는 고려군의 최고 지휘관, 왕의 장인, 혁혁한 전공을 세운 살아 있는 신화로서가 아니라 충실한 신하의 역할만 선택했다. 이것이 최영 장군 리더십 미덕이 지닌 양날의 칼이다.

최영 장군 하면 바로 연상되는 격언이 '황금 보기를 돌같이 하라'이다.

최영 장군의 아버지가 최영 장군이 16세 때 일러준 말이다.

그는 재물을 밝히고 재산을 불리는 행위 자체를 경멸하며 평생을 청렴하고 법도에 어긋남이 없이 행동했다.

신하로서 공직자로서 당연한 처세지만 그는 자신의 엄격한 잣대를 부하들에게도 들이댔다.

최영 장군은 부하들은 물론이고 백성들에게도 원칙과 법의 준수를 요구했다. 군령을 어기거나 명령에 불복하면 목을 치거나 팔을 자르기도 했다.

최영은 규율과 원칙에 예외가 없었다. 상대방의 지위가 높든 낮든 규칙을 어기면 벌을 주거나 꾸짖는 것을 두려워하지 않았다. 그의 말과 행동이 옳은 것임이 분명해 사람들은 최영은 따랐지만 속으로는 두려운 마음을 갖고 있었다.

최영 장군에 대한 후대의 평가는 두 가지이다.

충신으로 오직 나라와 군주, 백성을 위해 평생을 헌신하고 쓰러져 가는 고려를 지탱했다는 평가 그리고 또 하나는 역사의 흐름을 읽지 못하고 오로지 충성과 원칙에 입각한 리더십을 행한데 대한 아쉬움이다.

최영 장군이 백성들의 삶을 근본적으로 해결하기 위해 정치적 결단을 내리지 못한 것에 대한 아쉬움이 컸다.

고려 문벌 귀족의 전횡을 무려 13년간 두고 본 것, 개혁과 혁신의 큰 틀에서 고려 사회가 안고 있는 문제를 해결하려는 시도가 부족했다는 점 말이다.

그럼에도 그의 리더십에서 배울 수 있는 것은 많다.

원칙을 지키려는 자세, 그 원칙을 자신에게도 엄격하게 적용하며 특권 의식을 버린 점 그리고 진심으로 자신이 속한 조직과 조직원을 사랑하고 아낀 점이다.

최영은 공민왕 초기 조일신(趙日新)의 난을 평정하여 일약 대호군에 올랐다.

또한 원나라가 중원에서 일어난 반군과 다툴 때 고려에 원군을 요청하니 최영이 39세 나이로 2천여명의 장병을 거느리고 중국에 들어가 용맹을 떨치기도 했다. 중원에 까지 자신의 이름을 알린 것이다.

이듬해 귀국한 최영은 고려가 배원정책(排元政策)을 쓰게 되자 압록강 부근에서 원나라 군사들을 대거 격파했고 이후 대거 출몰하는 홍건적을 무찔러 평양과 개성을 지켜냈다.

뿐만 아니라 삼남 지방은 물론 평안도 연안까지 출몰하며 침탈을 일삼던 왜구를 종횡무진 8도를 누비며 물리치니 그의 활약은 고려의 튼튼한 버팀목이 됐다.

최영장군 영정

우왕 14년 이성계가 수문하시중에 오를 때 최영은 문하시중(門下侍中)으로 이성계보다 한 단계 윗자리에 있었다.

최영은 그때 나이 이미 73세 노령이었고 그해 그의 딸이 우왕의 비(妃)가 되어 영비(寧妃)에 봉해지니 그는 왕의 장인으로 신분상 이성계와는 견줄 바가 아닐 만큼 높아졌다.

그러나 요동정벌을 두고 두 장수의 운명의 주사위는 달라지기 시작했다.

최영이 모든 재상들과 철령위(명이 설치한 철령이북의 통치 기구)를 공격할 것인지 또는 화친할 것인지를 논의하자, 모든 재상들이 화친을 요청하자고 하였다.

최영의 전략적 판단 미스는 역시 위화도 회군이다.

명나라와의 화친보다는 전쟁을 택한 것이다. 백전노장의 판단으로 승산이 있는 전투이고 더구나 피와 땀으로 99년 만에 수복한 국토를 명나라에 넘겨줄 수는 없었다.

당시 명나라와 고려의 국력을 객관적으로 비교해도 전쟁은 결코 성공하기 어려웠다. 그래서 대다수 고려신하들은 전쟁 대신 화친을 주장했다.

그러나 최영은 명나라와 원나라의 선택에서 새로운 세력인 명나라를 선택하기 어려운 처지였다. 최영은 부패한 권문귀족은 아니었지만 엄격한 기준으로 볼 때 그의 집안은 대대로 고려의 기득권층 이었고 왕의 장인이었다.

고려의 귀족세력이었던 만큼 명과 친하게 지내는 데에는 한계가 있었다.

명나라를 선택한 신진 사대부는 당연히 최영 대신 새로운 세력 즉 대안으로 이성계를 선택했다.

최영은 요동 정벌에 처음부터 반대했던 이성계에게 군대를 맡기고 자신은 후방에 남으면서 결정적으로 친명 세력에게 쿠데타의 명분과 시간을 준 것이다.

요동 정벌에 나섰던 이성계는 말머리를 반대로 돌려 개경으로 돌아와 궁궐을 에워싼 채 우왕에게 최영을 처벌할 것을 요청했다. 그러나 우왕이 들질 않자 그를 왕위에서 들어내고 이제 겨우 아홉 살 된 왕의 아들을 옥좌에 앉히니 이가 곧 철이 덜 든 창왕(昌王)이었다.

1388년 6월 3일에 벌어진 일이다.

최영은 이성계 군사들 손에 끌려 나오는데, 차마 우왕의 손을 놓지 못해 한참을 붙잡고 울다가 두 번 절하고 작별을 고했

경기도 고양시에 있는 최영장군의 묘

다. 끌려 나온 최영을 맞은 이성계는 늙은 호랑이처럼 노쇠한 충신의 얼굴을 보자 마음이 착잡했다.

"이 같은 사변은 나의 본 뜻이 아니요! 그러나 요동을 치는 일은 대의를 거슬릴 뿐만 아니라, 나라가 편안하지 못할 것이므로 부득이 이리된 것이니 잘 가시오! 잘 가시오!" 하고, 서로 마주 붙잡고 한참 울다가 영영 헤어졌다.

그 길로 최영은 고향인 경기도 고양 땅에 귀양 보내졌다가 오늘날의 마산, 충주 등지로 옮겨졌고 같은 해 12월 개경으로 압송되어 이른바 공요죄(攻遼罪 –요동을 치려고 한 죄)를 둘러쓰고 목이 베어져 죽었다.

나이 73세에 이른 최영은 죽음에 이르러 얼굴빛이나 말소리가 전혀 변함없는 태연자약한 모습으로 마지막 말을 남겼다.

"내가 평생에 만약 탐욕의 마음이 있었다면 내 무덤에 풀이 날 것이고 그렇지 않았다면 나지 않을 것이다!"

'요동 정벌'이 사적인 탐욕 때문이 아니었음을 강하게 피력하고 순순히 칼을 받았다. 그의 말대로 그의 무덤은 풀이 나질 않은 벌거숭이라 사람들은 적분(赤墳)이라 부른다. 그의 주검이 한동안 길가에 버려져 있었는데 길가는 사람마다 모두 말에서 내려 예를 표하고 지나갔다.

이성계와 최영은 군대를 다스림에도 차이를 보였다. 한 명은 법을 중시하는 차가운 리더십이었다면 다른 한 명은 배려심 깊은 따뜻한 리더십을 보였다.

최영은 관료와 군대 조직을 공적인 법으로 이끌었다.

사심을 개입하지도 않았고 자신의 야망을 위해 조직을 운영하지도 않았다. 부하 장수들, 병사들도 엄격한 군법으로 다스렸다.

더구나 '뒤로 물러서는 병사는 그 자리에서 참했다'는 기록이 있을 정도로 최영의 군법은 엄중했다.

이에 비해 이성계는 군대를 사병처럼 이끌었다. 휘하 장수들은 물론이고 병사들에게도 이성계는 배려심 많고 따뜻한 말을 건네는 리더였다.

이성계는 전형적인 무장 스타일과는 좀 다른 품격의 소유자였다.

'동각잡기'(東閣雜記, 조선 명종·선조 때 문신 이정형이 고려 말부터 조선 선조 때까지의 정치와 명신(名臣)의 행적을 기록한 야사)에 따르면 이성계는 예의로써 부하를 대해 주변의 신망이 두터웠다.

장수와 병사들이 서로 이성계 휘하에 들어가고 싶어 할 정도였다고 한다.

그는 항상 겸손하게 처신했고 다른 사람 위에 군림하지 않았다.

정도전, 조준, 남은을 비롯해 성리학을 숭상하는 신진사대부 다수가 이성계 주변에 몰려든 데는 그의 인품도 크게 작용했을 것이다.

한마디로 이성계는 사람을 끌어 모으는 매력을 가진 인물이었던 것이다.

최영, 이성계 두 사람의 조직을 이끄는 리더십의 차이를 극명하게 엿볼 수 있는 대목이다.

질책보다는 칭찬을 법과 원칙보다는 관용과 배려의 리더십이 더욱 큰 힘을 발휘한 셈이다. 그런 점에서 이성계에 비해 최영은 최측근에서 국사와 군대 일을 상의하고 조언해 줄 참모도 부족했다.

즉 최영은 개인적인 역량만으로 고려를 이끌고 지키려 했지만 이성계는 개인적인 능력에 젊은 무장, 사병화 된 군대, 신진 사대부, 유학자 집단 등 참모 조직에서 이미 최영을 압도했다.

그럼에도 최영은 리더로서 거의 완벽했다.

전쟁터에서는 엄중했지만 평소에는 포용력을 발휘하는 리더였으며 자신에게 엄격하고 법과 원칙을 준수했다. 그리고 무엇보다 부하들을 사지에 몰아넣고 후방에서 명령만 내리는 리더가 아니었다. 그 자신이 칼과 창을 들고 최전선에서 적의 칼과 창을 온 몸으로 맞으며 병사들과 생사를 같이 한 리더였다.

여러 기준에서 최영에 대한 아쉬움은 있을지 모르지만 부하들과 생사를 같이하는 리더십에서 그는 조직원의 존경과 사랑을 받는 리더였다.[주6]

[주6] 고려의 마지막 희망, 1% 부족한 리더십 최영, 박기종, 매일경제, 2018

이성계는 개국 6년 만에 최영을 무민공(武愍公)으로 시호를 내려 선배 맹장의 넋을 위로했다.

그렇다면 최영은 왜 이성계를 정치적 파트너로 삼았을까? 최영은 이성계를 높이 평가했다. 그의 뛰어난 군사적 재능과 백성에 대한 배려 등이 최영의 마음을 끌었을 것이다. 또한 명망과 정치적 영향력에서 비교할 수 없었기 때문에 이성계는 최영에게 정치적 부담이 되지 않았을 것이다.

최영은 이성계를 인간적으로나 정치적으로 편안한 후배 군인으로 생각했고 나아가 자신이 키워줘야 할 인재라고 여겼다. 더구나 성장하는 이성계의 군사적 영향력을 자신의 울타리 안에 포섭한다면 자신의 영향력도 커지는 효과도 있었을 것이라고 생각했다. 그것이 불가능하다면 이성계는 제거될 대상이었다.

그러나 최영은 이성계의 정치적 야심을 애써 외면한 아마추어 장수였다.

주위에서 이성계의 군사적 성장에 대한 우려는 상당히 심각했다.

이인임은 구체적으로 이성계가 왕이 될 것이라고까지 예언했다. 그러나 최영은 이성계를 옹호하면서 "만약 일조에 위급하면 마땅히 누구를 시키겠는가"라고 반박했다. 결국 최영은 이성계에게 호락호락 고려의 군대를 내어주었고 호랑이 등에 올라 탄 이성계는 고려를 향해 칼끝을 겨누었다.

이성계의 전투부대, '가별초'

인류의 역사가 전쟁의 역사라고 한다면 수많은 전쟁영웅과 역사적인 전투들에 대한 이야기들이 전해진다.

대표적인 전쟁영웅을 꼽으라면 한니발, 칭기즈칸, 티무르, 알렉산드로스, 나폴레옹, 한신, 구스타프 아돌프 등이 있다. 또한 아우스트리츠 전투, 칸나에 전투, 앙카라 전투, 파양호 대전, 스탈린그라드 전투 등 셀 수도 없는 많은 전투들이 있다.

한국에도 많은 전쟁영웅들이 존재하지만, 그중에서도 이성계의 전투부대인 가별초(家別抄)는 전투력에서 으뜸이라 할 수 있다.

이성계는 스스로도 뛰어난 무장이면서 친위부대인 가별초를 훌륭하게 이끈 지휘관이기도 했다.

조선왕조 기록에 따르면 함경도와 만주지역 일대 500여 양민 가구가 이성계의 사병으로 복무했다고 한다. 이들은 병농(兵農)일체의 군사집단이었다.

어떤 수령도 이들을 통제하지 못했다고 한다. 이들은 평소에는 이성계에게 세금을 바치는 농민이었고 전시에는 이성계를 위해 칼을 드는 군사집단이었다. 이들은 200여년간 이성계 집안과 함께 해 왔기 때문에 충성도가 높았다.

"동북면의 인민과 여진으로서 본디 종군(從軍)하지 않던 사람까지도, 태조가 군사를 돌이켰다는 소식을 듣고는 다투어 서로 모여 밤낮으로 달려서 이르게 된 사람이 천여 명이나 되었다." 〈태조실록 1권〉

정도전이 이성계를 만난 이후 "이 정도의 군대라면 무슨 일인들 성공시키지 못하겠습니까?"라고 감탄한 군대가 바로 가별초이다.

가별초는 '활을 잘 쏘는 사람'을 뜻하는 몽골어 '가베치'에 기원하고 있다. 대규모 사병집단을 뜻한다.

이성계의 가별초에는 고려인이 가장 많았지만 여진족 한족 몽골인도 포함된 다민족 혼성 부대였다. 또한 대부분이 '정예기병'으로 구성됐다. 이들은 각기 자신들의 종족이 가지고 있는 전쟁기술을 융합해 전투기술을 발전시켜 나갔다.

이들은 고려조정의 명령을 받는 것이 아니라 이성계와 그 가문의 영향력 아래 통솔된 군대였다.

평소에는 생업에 종사하다가 이성계의 수집령이 떨어지면 이성계의 깃발 아래 모여 강력한 군대를 이루었다.

이들은 이성계의 위화도 회군에서부터 황산대첩까지 모든 전투에 참가하며 이성계의 승승장구에 큰 뒷받침이 돼 주었다.

가별초가 전투에 참여한 기록만 보면 1361년 박의 군대 진압에 1천5백명, 1362년 개경 탈환전에서 2천명, 1364년 최유 군대 격파할 때 1천여명 동원, 1370년 1차 요동정벌에 1천6백여명 정도가 동원됐다고 한다.

가별초의 지휘관 역시 뛰어난 통솔력을 가진 장수들이었다.

대표적인 인물이 바로 의형제인 이지란이다.

그는 여진족 출신이다. 곰 같은 체구의 이성계와 달리 '아녀자와 같이 고운' 외모를 가졌다고 하며 이성계의 명령을 받고 여진족 부락을 순회하며 그들을 통솔할 만큼 여진족 관리에 있어 핵심을 담당하는 인물이었다.

가별초는 다양한 민족으로 구성됐고 평민 출신도 지휘부에 발탁되기도 했다.

측근인 조영규는 조상 가계가 불분명한데 평민 출신으로 추정된다.

처명은 요녕성 전투 때 귀순한 여진족 장수로 이성계의 인품과 활솜씨에 탄복해 이성계 휘하의 장수가 되었고 평생을 전쟁터에서 함께 동고동락했다.

조무 역시 원나라 군벌인 몽골인으로 한 때 이성계의 적이었지만 이성계에 복속해 평생 함께 했다.

조선 개국공신에도 오른 김인찬, 한충은 본래 농부였다. 우연히 이성계를 만나 그에게 식사를 대접하다가 이성계에게 감복해 무턱대고 그를 따라가 보필했다.

개국 후 이성계의 친위대인 의흥친군위(義興親軍衛)의 대장이 되었다. 밭 갈다가 우연히 만난 장군 따라 친위대 대장이 된 것이다.

이처럼 이성계는 혈족과 신분 등을 가리지 않고 능력과 충성심이 있으면 자신의 장수로 만들었다. 이러한 포용력 있는 리더십이 그의 군대를 더욱 강하게 만드는 요소가 되었다.

PART 03

결단을 통해 보여준
'상황적 리더십'

결단을 통해 보여준
'상황적 리더십'

태조 이성계는 고정관념이나 획일적 판단보다는, 주변의 상황에 따라 종합적인 사고를 통해 판단을 내리는 '상황적 리더십'을 보여 주고 있다. 이러한 리더십은 그의 선친인 이안사나 이자춘이 상황에 따라 원과 고려를 넘나들었듯이, 북방의 경계인으로 살아야 했던 이성계의 생존 전략이었는지도 모른다.
조직은 언제나 다양한 상황에 처하기 마련이다. 그때마다 문제해결을 위해서는 적절한 리더십 방식을 취사선택해야 하는 것이다. 탄력적이고 융통성 있는 리더십 스타일이 진정한 리더를 만드는 셈이다.

태조 이성계는 국제정세의 흐름 속에서 자신이 나아가야 할 방향을 결정하는 '결단(決斷)의 리더십'을 보여 준다. 결단의 '모멘트'를 정확히 포착하기 위해 민심의 동향과 정확한 정보를 수집했다.

14세기 동아시아의 정세는 명과 북원, 홍건적과 왜구 등 누구도 예측할 수 없는 다양한 모멘트들이 존재했다. 그중 북원 멸망에 성공한 명나라는 그 화살을 고려에 돌렸고 요동지역에 철령위를 설치하며 고려 땅의 침탈을 예고했다.

이때 우왕과 최영은 명과의 전쟁을 통해 고려 영토를 회복해야 한다고 주장했다. 이에 비해 이성계는 주변정세와 힘의 역학관계, 군대의 상황 등 주변 상황의 요소들을 복합적으로 고려해 판단하는 '상황적 리더십'(Situational Leadership)을 보여 준다.

1970년대 상황적 리더십을 처음 주장한 피들러(F. E. Fiedler)는 "지도자가 리더십을 발휘할 때, 조직이 놓인 제반 상황의 요소를 고려하여 그에 적합한 리더십을 발휘해야 한다"는 이론을 제시했다. 즉 리더십이라는 것이 전형적인 형태(形態, Type)가 존재하는 것이 아니라, 지도자에게 놓인 복합적인 상황을 고려해 최적의 결단을 내린다는 것이다.

이는 김성국 교수가 제시한 '모멘트 리더십'(Moment Leadership)과도 상통하는 면이 있다.

"모멘트 리더십을 가졌다는 말은, 마치 사람이 도저히 들 수 없는 무거운 물체를 지렛대를 이용히여 쉽게 원하는 방향으로 움식이듯이 저한 상황을 변화시킬 수 있는 '모멘트'를 파악하여 결단력 있게 행동함으로써 산을 움직이는, 불가능을 가능으로 만드는 리더라는 의미가 된다.

모멘트라는 용어에는 물리학적 힘(power)의 개념과 '계기'라는 시간(time)의 개념, 그리고 방향(direction)의 개념이 모두 들어있다. 결론적으로 모멘트 리더십은 힘, 시간, 그리고 방향이라는 구성요소가 통합되어 한 리더에 의해 발휘되는 영향력의 과정(process)이자 자산이라고 할 수 있다." *주7

이성계의 상황적 리더쉽, 혹은 모멘트 리더십을 가장 잘 보여주고 있는 장면은 바로 '위화도 회군'이다. 요동정벌에서 조선과 명과의 물리적인 힘과 전쟁을 일으키는 타이밍을 종합적으로 판단해 자신이 가야할 방향을 결정한 것이다.

그가 먼저 해야 할 일은 부패에 빠진 고려를 뒤집고 새로운 나라를 세우는 '역성혁명'이라고 판단했다. 당장에 요동정벌은 실효성도 없고 고려백성들을 더욱 어렵게 하는 전쟁이라고 판단했다.

30여년 간 다양한 전쟁을 치렀던 경험이 결단의 밑바탕이 됐다. 그는 조선을 건국한 이후 군대를 양성해, 다시 한번 요동정벌을 추진하게 된다.

태조 이성계는 고정관념이나 획일적 판단보다는 주변의 상황에 따라 종합적인 사고를 통해 판단을 내리는 '상황적 리더십'을 보여 주고 있다. 이러한 리더십은 그의 선친인 이안사나 이자춘이 상황에 따라 원과 고려를 넘나들었듯이 북방의 경계인으로 살아야 했던 이성계의 생존 전략이었는지도

*주7 『모멘트 리더십』 김성국, 탑북스, 2015

모른다.

조직은 언제나 다양한 상황에 처하기 마련이다. 그때마다 문제해결을 위해서는 적절한 리더십 방식을 취사선택해야 하는 것이다. 탄력적이고 융통성 있는 리더십 스타일이 진정한 리더를 만드는 셈이다.

이성계의 위화도 회군(1388)은 상반된 평가를 받는 역사적 사건이다. 그를 비판하는 사람은 동아시아의 힘의 공백기에 잃어버린 고구려의 고토를 되찾을 수 있는 절호의 기회였다고 말한다.

반대로 위화도 회군이 불가피했다고 보는 사람들은 고려군이 압록강을 건너 요동지역으로 진군했더라면 강대국 명나라와 대규모 전쟁은 불가피했으며 만일 패전했을 경우 한반도에 '제2의 한사군 설치'와 같은 치욕적인 일이 발생했을 거라고 말한다.

요동정벌이 예정대로 추진되었더라면 동아시아의 강성대국 즉 '제2의 고구려'가 되었을지 아니면 명나라에 패망하여 '제2의 한사군 설치' 같은 비극이 일어났을지는 알 수 없다.

하지만 중요한 것은 지도자의 리더십이다. 이성계는 결단하고 실천에 옮겼으며 그것은 조선왕조의 대외정책의 기조가 됐다.

1388년 요동정벌 과정에서 이성계는 위화도회군을 결단해 최영을 처형하고 우왕을 폐위시켰다. 그는 비로소 정상에 올랐다. 아버지를 따라 개경에 온 지 32년 만이었고, 나이는 54세였다.

결단은 '타이밍'(Timing)이다.

그는 마이산에서 금척을 받는 꿈(夢金尺)을 꾸었을 때부터 새로운 나라를 꿈꾸고 있었고 그 시기를 기다리고 있었다.

이성계는 자신의 꿈을 실현하기 위해 요동정벌이라는 자신에게 주어진 기회를 놓치지 않고 과감한 결단을 통해 자신의 목표를 실현했다.

위화도 회군의 결단 배경에는 국제정세를 읽는 타고난 감각과 다년간 치렀던 전쟁경험이 뒷받침 됐다.

명나라는 새롭게 떠오르고 있었고 원나라는 북쪽으로 밀려나고 있었다.

남북으로 갈라져 혼돈 속에 빠진 일본은 왜구들을 통제할 수 없었다.

원나라에서 어린 시절을 보냈고 고려에서 청년시절을 보냈던 이성계는 국제정세를 보는 객관적 시각이 있었다.

북방에서 몽골, 여진, 거란 등 북방민족과 함께 생활했던 이성계는 고려 개경에서만 살았던 귀족들의 세계관에 비해 포괄적으로 국제관계를 이해하는 안목이 있었던 것이다.

위화도 회군은 동북아시아와 국내 정세의 모멘트를 아우른 결단에서 시작됐다.

이로써 1351년 공민왕 이후 시작된 고려 말의 국제적 · 정치적 · 사상적 변동에 따른 대혼란이 막을 내리고 새로운 시대가 시작됐다.

몽금척, 천시(天時)를 깨닫다

진안의 마이산은 조선 왕조를 개국한 태조 이성계와 인연이 깊은 산이다.

'마이산'이라는 지명은 말의 귀를 닮았다고 해서 붙여진 이름

마이산 전경

이지만 이성계는 '속금산' 이라고 하였다.

마이산의 지명은 신라시대에는 서쪽(경주 중심)에서 가장 이로운 산이라 하여 서다산(西多山)이라 하였고 고려시대에는 하늘로 용솟음치는 힘찬 기

상을 상징한다 하여 용출산(聳出山)이라 불렀다. 그러다 고려 말 이성계가 마이산이 쇠(金)의 기운이 너무 강하여 나무(木)의 기운을 눌러 이(李)씨가 왕이 될 수 없다 하여 쇠(金)의 기운이 강한 마이산의 정기를 묶는다는 의미의 속금산(束金山)으로 바꿨다.

이후 태종이 마이산을 보고는 이미 이(李)씨가 왕이 되었는데 산의 기운을 묶어둘 필요가 없다하여 지금의 지명인 마이산으로 부르게 되었다.

태조 이성계가 왕이 되기 전 신선이 나타나 "이 금척으로 삼한 강토를 다스려 보아라"하는 꿈을 꾸었다고 한다. 이는 새로운 왕이 될 수 있는 계시를 받은 것이었다.

이 후 이성계가 황산대첩에서 대승을 하고 개선 길에 마이산에 들렀다가 깜짝 놀라게 된다. 마이산이 꿈에서 신선으로부터 금척을 받은 산과 매우 흡사했기 때문이다.

태조는 이때부터 "나에게 이 땅에 새 나라를 건설하라는 신의 뜻이로구나"하고 생각했다고 한다. 그 후 마이산에서 새로운 나라 건국을 염원하며 백일기도를 드렸다고 한다.

은수사는 이성계가 왕조의 꿈을 꾼 후 100일 기도를 드렸던 장소로 전해지고 있다. 기도 중에 마신 샘물이 은 같이 맑아 이름이 은수사라 붙여진 사찰이다.

샘물 곁에는 기도를 마친 증표로 심은 650여년

태조 이성계가 100일간 기도를 드렸다고 전해지고 있는 은수사 모습

된 청실배나무가 있다.

또한 은수사 태극전에는 왕권의 상징인 금척을 받는 '몽금척수수도'와 어좌 뒤의 필수적인 그림인 '일월오봉도'가 모셔져 있다.

권근이 쓴 건원릉(이성계의 능)의 비문을 보면 이성계가 일정 시기에 역성혁명의 꿈을 가지기 시작했나는 섬을 보여 준다.

"우리 태조 대왕께서 잠저에 계실 때, 공덕이 이미 높았으며, 부명(符命 : 왕조 창업의 천명)도 또한 나타났다.
꿈에 어떤 신인(神人)이 금으로 된 자(金尺)를 가지고 하늘에서 내려와 그것을 주면서 말하기를 '공은 마땅히 이것을 가지고 나라를 바로잡으리라' 하였다. 〈태종실록, 태종 9년 4월〉

위화도 회군에서 보여준 태조 이성계의 결단력

1388년 5월, 위화도의 밤.

이성계는 밤이 깊어지는 만큼 고민도 깊어지게 된다. 일생일대 기로에 선 것이다. 명나라 주원장의 군대 나목이 15만을 이끌고 북원과 전쟁을 벌이고 있었다. 명의 군대는 승승장구하고 있었고 이에 비해 북원의 군대는 점차 북쪽 초원으로 밀려가고 있는 형세였다.

이때를 틈타 자신은 5만의 고려군대를 이끌고 요동성을 함락해야 한다. 이중 보급부대를 제외하면 3만이 공격부대이다. 이들도 군사훈련을 제대로 받은 군대가 아니라 사병의 집합체였던 것이다.

물론 자신이 20여년 전에 요동의 오녀산성을 공격해 점령에 성공했던 경험을 가지고 있었지만 그때도 보급이 제내로 이루어지지 않아 후퇴해야만 했던 기억을 가지고 있다. 번뇌(煩惱)가 끊이지 않고 머리를 스쳐갔다.

설사 요동성을 공략에 성공한다고 한들 나목의 15만 대군을 막아 성을 지켜낼 수 있을까하는 걱정이 스쳤다. 왜구가 개경 부근까지 쳐들어 왔다는 보고도 올라오고 있었다.

요동에는 명나라 나목의 군대가 있고 왜구가 다시 침범해 오고 있다.

자신이 이끌고 있는 고려군은 사병들의 연합체로 고려의 산악전투가 아닌 요동의 평야전투에는 최적화된 군대가 아니었다. 보급 역시 원활하지 못했다.

이성계가 생각할 때 아무리 생각해도 승산이 없는 싸움이었다. 그렇다고 최영이 자신의 회군요청을 받아들일 리도 없을 것이라고 판단했다. 그렇다면 이성계에게 남은 선택지는 단 하나 뿐이다. 그것은 바로 '어명이 없는 회군'이었다.

회군을 선택한 이성계는 명분 쌓기에 들어간다.

고려의 사신인 김완을 붙잡아 둔 상태에서 최영에게 회군 요청을 한다. 그러나 최영은 정치적 센스가 없었다. 이성계의 내심을 제대로 읽지 못한 것이다. 최영은 단호하게 거절하면서, 재차 요동정벌을 명령했다.

이에 태조 이성계는 군사들에게 이렇게 말했다.

"만약 상국(上國)의 국경을 범하여 천자(天子)에게 죄를 얻는다면 종사(宗社)·생민(生民)의 재화(災禍)가 즉시 이르게 될 것이다.
내가 순리(順理)와 역리(逆理)로써 글을 올려 군사를 돌이킬 것을 청했으나 왕도 또한 살피지 아니하고 최영도 또한 늙어 정신이 혼몽하여 듣지 아니하니, 어찌 경(卿) 등과 함께 왕을 보고서 친히 화(禍)되고 복(福)되는 일을 진술하여 임금 측근의 악인(惡人)을 제거하여 생령(生靈)을 편안하게 하지 않겠는가?"하니, 여러 장수들이 모두 말하기를 "우리 동방 사직(社稷)의 안위(安危)가 공의 한 몸에 매여 있으니 감히 명령대로 따르지 않겠습니까?"〈태조실록, 1권, 총서〉

마침내 이성계는 번뇌를 벗고 결단을 내린 것이다. 늙어 정신이 혼몽한 최영 장군을 제거하고 왕을 편안하게 하자는 것이 이성계가 내건 명분이다.

좌군도통사 조민수 역시 실권을 잡고 있던 이성계의 결단에 찬성했다.

1388년 5월 22일 이성계 장군이 이끄는 요동 원정군이 위화도에서 회군했다. 이들

이성계 장군의 위화도 회군

은 6월 3일 개경을 함락시키고 최영 장군을 유배 보냈다.

1392년 7월 17일, 이성계 장군이 고려 왕조를 대신해 새 나라의 국왕으로 즉위했다.

이성계의 위화도 회군은 '천명(天命)'에 따른 '혁명(革命)'이라는 이미지가 강하다. 민심을 읽고 어론전에 성공한 것이나.

우왕을 따르던 신하들과 백성들이 회군하는 군사들을 환영했다. 술과 음식을 내놓으며 마중하는 사람들이 끊이지 않았다고 한다.『고려사』에는 다음과 같이 기록되어 있다.

> 회군하던 여러 장수들이 우왕을 급히 추격하기를 청하였다. 하지만 이성계가 말했다. "속히 가면 반드시 싸우게 되니 사람을 많이 죽일 것이다." 다시 군사들에게 경계하며 말했다. "너희들이 만약 국왕의 행차를 범하면 내가 너희들을 용서치 않을 것이다. 또한 백성들에게서 오이 한 개라도 강탈하면 처벌할 것이다." 도중에 사냥도 하면서 일부러 천천히 행군하였다. 〈고려사 권137〉

고려 국왕을 배려하고 백성들의 피해를 최소화하려는 노력이 엿보인다. 고려의 신하들과 백성들이 이들을 환영한 것은 회군 명분이 있었기 때문이다.

회군의 명분은 4불가론(四不可論)에 잘 드러나 있다.

첫째 작은 나라가 큰 나라를 칠 수 없다.

둘째 농번기인 여름에 군사를 출동시킬 수 없다.

셋째 대군이 원정 나간 사이 왜적이 빈 틈을 타 침입할 것이다.

넷째 무더운 장마철이라 활의 아교가 녹아 풀어지고 대군이 전염병에 걸릴 것이

이성계는 상황적 리더십을 통해 위화도 회군을 결정했다.
이미지 제공 아시아경제

다. 그럴듯하다. 4불가론은 회군의 정당성을 부여해 주었다.

위화도 회군 상황을 되짚어 보자.

1388년 고려 우왕은 5만 명에 달하는 요동 원정군을 편성하고 최영을 팔도도통사(八道都統使), 조민수를 좌군도통사(左軍都統使), 이성계를 우군도통사(右軍都統使)로 임명했다.

요동 원정군은 4월 18일 평양에서 출발하여 5월 7일 위화도에 도착했다. 약 20일이 소요되었다. 평양에서 위화도까지 거리는 약 200㎞이므로 하루 평균 10㎞ 속도로 북상했다. 전근대 시기 군대의 행군속도가 12㎞(30리)인 점을 감안하면 적정한 속도다. 군사 5만명과 군마 2만 필에 달하는 대규모 원정군이었기 때문에 정상적인 행군 속도라고 할 수 있다.

요동 원정군은 위화도에서 보름간 머물렀다. 회군이 결정되자 5월 22일 위화도를 출발하여 6월 1일 개경에 도착했다. 약 10일이 소요되었다. 위화도에서 개경까지 거리는 약 400㎞이므로, 하루 평균 40㎞ 속도로 남하했다. 북상할 때 하루 10㎞ 속도였는데 남하할 때는 하루 40㎞ 속도였다. 평양-위화도 거리(200㎞)보다 두 배 먼 위화도-개경 거리(400㎞)를 열흘 만에 주파한 것이다.

교통로와 보급체계가 발달한 현대의 군인들도 하루 40㎞ 속도로 연속 10일 행군하는 것은 무리다. 이성계의 회군 속도는 비정상적으로 빨랐다.

이성계가 회군을 시작하자, 평양 인근에 머물고 있던 우왕은 급히 개경으로 돌아왔다. 이때 우왕을 따라온 자가 50여 명에 불과했다는 기록이 남아 있다. 이러한 사정도 이성계의 회군 속도가 비정상적으로 빨랐음을 시사하고 있다.

역사서에 나타난 "도중에 사냥도 하면서 일부러 천천히 행군하였다"라는 문구가 거짓임을 알 수 있다.

그렇다면 이성계는 왜 이렇게 서둘러 회군했던 것일까?

이성계는 5월 13일 양광도에 왜구가 침입하자 1차 회군 요청을 했다.

5월 22일 수도 방어군 주력이 남하했을 무렵 2차 회군 요청을 했다. 특히 2차 회군 요청 시에는 국왕의 명령을 기다리지 않고 그대로 남하했다. 이를 우연의 일치라고 보기는 어렵다. 이성계의 무장으로서 자질로 보아 충분한 정보 수집과 의견 수렴을 거쳐 회군을 결단했던 것으로 여겨진다.[주8]

위화도 회군을 결정하기까지 이성계가 고민했던 모멘트는 4가지였다.

첫 번째는 과연 명나라를 이길 수 있느냐는 것이다. 명나라는 북원을 멸망시킬 정도로 신흥 강국으로 부상했다.

두 번째는 자신이 이끌고 있는 군대의 능력이다. 오합지졸 식으로 급히 집합된 군대로 적을 이길 수 있을까에 대한 의문이다.

세 번째는 왜구가 다시 남쪽에서 침입해 오고 있는 만큼 그들을 방어할 군대가 필요했다.

마지막으로 이 전쟁이 고려 백성들에게 도움이 되느냐였다.

이러한 모멘트를 종합적으로 판단한 결과 이성계 자신이 앞으로 나아가야 할 방향에 대해 결단이 세워진 것이다. 위화도 회군은 '반역이냐 역성혁명이냐'는 선택의 순간에 과감한 결단을 통해 새로운 길로의 리더십을 제시한 사건이다.

중국 국경에서 바로 본 위화도 모습

[주8] 열흘 만에 400km 내달린 이성계의 광속 회군, 왜?, 이상훈 육군사관학교 교수, 아시아경제, 2017

"이성계 장군이 동북면으로 돌아가신데!" "이미 떠나셨다는데?" 압록강에 위치한 작은 섬 위화도에 주둔하고 있던 고려군은 크게 동요하고 있었다. 연일 계속되는 장마철 폭우에 병사들의 피로는 극심해졌고 도망병도 속출했다.

이러한 때에 불패의 명장으로 추앙 받는 이성계가 자신들을 버리고 낙향한다고 하니 장병들은 더욱 불안할 수밖에 없었던 것이다. 이 소식을 들은 장수들이 몰려가 만류하자 이성계는 조용히 그들을 바라보다 결심을 굳힌 듯 말을 꺼냈다.

"제장들은 나를 따르겠는가?" 장수들이 모두 회군에 동의하니 이성계는 붉은 활을 들고 백마에 탄 채 압록강변 언덕 위에 올라 고려군을 향해 외쳤다. "전군(全軍)! 회군한다!" 〈태조실록 총서〉

이성계와 조민수가 이끄는 고려의 요동정벌군 5만여 병력은 1388년 5월 22일 압록강 위화도에서 전격 회군했다. 왕의 허락 없이 군대를 되돌린다는 것은 명백한 반란이다. 그럼에도 군사들은 "고금을 통틀어 이런 사람이 없었다"라며 이성계를 구세주처럼 여겼고 그 즈음 민간에서는 '목자(木子: 이성계를 의미)가 나라를 얻는다'(고려사 열전50), '이원수(李元帥)여 원컨대 백성들을 구원하소서'(태조실록 총서)라는 노래가 떠돌았다고 한다.

이성계 측에서 여론전을 위해 의도적으로 퍼트린 것이겠지만 광범위하게 불리워졌다는 것은 당시의 민심이 회군을 지지했음을 뜻한다.

이성계가 활동하던 동북면은 동아시아 전체의 관점에서 보자면 명나라(홍건적)와 원나라 그리고 여진이 각축을 벌이며 국제정세가 소용돌이치던 현장의 한복판이었다.

여기에 왜를 비롯한 동아시아 여러 세력과 직접 마주하면서 당대의 국제정세를 읽어내는 넓은 시야를 갖추었을 것으로 판단된다. 이러한 이성계였기에 당시 고려의 국력으로 명과 맞선다는 것은 비현실적인 일임을 누구보다 잘 알고 있었을 것이다.

'명을 공격했다가는 역공을 받아 나라와 백성들이 위태로움에 빠질 것이다'는 이성계의 현실론은 모두 나름의 타당성을 갖고 있다. 지도자라면 이러한 선택의 순간에서 자신이 속한 공동체의 정신과 가치를 보다 잘 구현할 수 있는 쪽으로 결정을 해야 하는데 최영은 고려의 자존심을, 이성계는 고려의 생존을 중시하여 각자의 선택을 내린 것이다.

어떤 것이 옳은 선택인지는 애초부터 정해져 있지는 않다. 선택을 하고 그 선택이 옳았음을 그때부터 증명해나가야 하는 것이다.

개경을 향해 병력을 돌린 이성계는 최영의 처벌을 요구했다. 하지만 우왕은 이를 거부하고 이성계 등 회군파 장수들에게 현상금을 내걸고 이들을 반란군으로 공표했다. 그리고 병력을 동원해 회군 세력에 맞섰지만 10여 일에 걸친 교전 끝에 이성계군이 승리하고 최영은 체포되었다.

최영과 이성계는 각기 친원과 친명 노선, 구 귀족세력과 신흥세력을 대표하는 인물이었다. 최영의 실각은 이성계가 권력의 정점에 섰음을 의미하면서 아울러 친명노선의 신흥세력이 고려 정계의 주도권을 완전히 장악했음을 뜻한다.

이후 이성계 세력은 외교적 노력을 벌인 끝에 명나라로 하여금 더 이상 철령위 설치 문제를 거론하지 않게 만들었다.

이로써 이성계의 회군은 '백성을 전쟁의 위협에서 구원해 낸 결단'으로 칭송받으며 면죄부를 얻었고 최영의 도전은 그 본래의 취지와 정신과는 상관없이 '현실을 모르는 무모한 행위'로 전락했다.

그런데 명 태조 주원장은 이성계의 손을 한 번 더 들어준다.

"고려의 왕위는 왕씨(공민왕)가 피살된 이후 후사가 끊어졌고 비록 다른 성씨를 왕씨로 가장하여 임금으로 세웠으나 이는 왕업을 길이 보전하기 위한 좋은 계책이 못 된다.

옛날에 임금을 시해한 역적 중에는 임금의 죄악이 가득 찼기 때문에 그러한 적도 있었다. 무릇 임금을 시해한 자는 비록 난신적자이지만 그 중에는 또한 훌륭한 정치를 펼쳐 어짐을 베풀어감으로써 하늘의 뜻을 돌리고 백성들을 편안하게 한 자도 있었다"(고려사 열전50)라는 조서를 보낸 것이다.

이는 이성계가 자신들이 명나라에 유리한 대안임을 인식시켰기 때문으로 보인다. 이제 이성계는 마음만 먹으면 왕위를 차지할 수 있는 강력한 정치적 후원을 확보하게 된 것이다.

이후 이성계는 '가짜를 폐하고 진짜를 세운다(폐가입진:廢假入眞)'는 명분으로 창왕을 폐위시켰다. 그리고 단계적으로 새 왕조 창업을 향한 과정을 밟아간다.

여기서 이성계가 처음부터 왕이 되고자했느냐 아니면 역사의 흐름이 그를 그렇게 이끌고 갔느냐를 논의하고 싶지는 않다.

분명한 것은 고려의 수호자였던 명장 이성계가 조선의 창업자 태조 이성계로 변모했다는 것이고 그 시작은 바로 위화도 회군에 있었다는 것이다.[주9]

국제정세를 읽는 탁월한 외교감각

14세기 동아시아에서는 중국과 한반도, 일본열도에서 변화의 조짐이 일어나고 있었다.

중국에서는 주원장이 탁발승과 홍건적이라는 계층사회의 밑바닥에서 출발하여 천자(天子)에 즉위(1368)하여 명나라를 세웠다.

한반도에서는 동북면 출신의 무장 이성계가 고려 귀족세력들을 물리치고, 조선왕조를 열어(1392) 삼한의 군주가 됐다.

일본열도에서는 카마쿠라 막부가 무너지고(1333) 무로마치 막부가 세워졌으나(1336) 새로운 권력계층인 다이묘들이 등장하면서 전국시대가 전개됐고 이에 패한 자들이 왜구라는 이름으로 불리며 조선(고려)과 명(원)에서 만행을 저질렀다.

원나라에서 어린 시절을 보냈고 청년 시기를 고려에서 보냈던 이성계는 국제정세를 보는 객관적 시각이 있었다. 북방에서 몽골, 여진, 거란 등 북방민족과 함께 생활했던 이성계는 고려 개경에서만 살았던 귀족들의 세계관에 비해 포괄적 국제관계를 이해하는 안목이 있었던 것이다.

미국 제임스 팔레(James B. Palais) 교수는 한국사 속에 외교노선을 강성대국노선과 강대국 동맹노선으로 분석했다.

*주9 조선의 창업자로 변신한 결정적 순간, 김준태, 이코노미스트, 2012

"국가의 생존을 달성하는 가장 좋은 길은 외부의 군사적 도전에 대해 호전적이고 독립적인 노선을 택할 것인가(강성대국노선), 아니면 자주와 독립을 희생하더라도 강한 외세의 묵인을 얻기 위해 적응하고 타협하는 노선을 걸을 것인가(강대국 동맹노선)의 딜레마에 놓여져 있다" [*주10]

이는 14세기 한반도 대외정책에서도 나타난다. 한족의 주원장이 몽고족의 원나라 황실을 북중국으로 쫓아버리고 1386년 명나라를 세웠을 때 고려 조정은 원나라에 대해 지속적인 충성을 중시하는 친원파(親元派)와 새로 부상하는 명나라와의 국교수립을 강조하는 친명파(親明派)로 나뉘었다.

친원파인 이인임 등이 원나라로부터의 자주노선을 지향했던 공민왕을 시해한 이후, 고려 조정은 다시 원나라와의 관계 회복에 나섰다.

이처럼 명나라와 고려조정의 관계가 상대적으로 소원해진 가운데 설상가상으로 자국의 사신이 중간에 살해당하자 명나라는 새로 즉위한 우왕을 꾸짖으며 철령지역에 관청을 설치하는 등 무력행동에 나섰다. 바로 이러한 상황에서 우왕과 최영은 요동정벌을 추진했고, 이성계는 중간에서 회군을 한 것이다.

위화도 회군은 단순히 우왕과 최영의 무모한 대외정벌이 이성계 등에 의해 좌절된 사건이 아니라 강성 대국노선과 강대국 동맹노선의 충돌이라 할 수 있다.

그것은 또한 이성계 등 조선건국세력이 중원대륙에서 명나라의 발흥 등 국제정세의 변동과 민심의 변화 등 이른바 '리더십 모멘트'에서 발휘한 전환의 리더십 이었다.

옛날의 가치와 질서가 무너졌지만 새로운 질서가 아직 정립되지 않은 상황에서 이성계 등은 위화도에서 역사의 물줄기를 돌리는 방향 전환의 리더십을 발휘했다.

[*주10] James B. Palais, 'Korean Foreign Policy', 미국동아시아학계 석학초청집중강좌 자료집, 성균관대학교동아시아학술원, 2003

그리고 그로부터 4년 사이에 즉 1388년에서 1392년까지 기간 동안 고비마다 포기하지 않고 과감히 개혁을 추진해 나갔다.

급변하는 동아시아의 정세 속에서 이성계는 어떤 기준으로 결정을 내렸을까.

첫째 환경요소 '세(勢)'의 요소이다.

당시의 가장 중요한 환경은 국제정세인데 당시 명나라는 아직 동아시아의 패권국가는 아니었지만 조만간 강대국으로 부상하리라는 것을 알고 있었다. 또한 북쪽의 몽골족은 곧 힘을 잃게 될 것이라는 분석을 가지고 있다.

둘째 시점 즉 타이밍이다.

"천하의 일에는 처한 바의 형세(形勢)가 제일 중요하고 행운(幸運)의 여부가 그 다음이며 옳고 그름은 제일 아래다"라는 말이 있듯이 리더십에서 타이밍은 매우 중요하다.

셋째는 사람이다.

실록을 보면 그는 "말이 별로 없지만 상대방 말을 잘 듣고 호응을 해주어서 인재들이 그의 앞에 가면 신명나게 자기 마음속을 털어 놓는다"고 기록하고 있다. 그의 주위에는 인재들이 많이 모였고 위화도 회군 때는 물론이고 조선건국의 과정에서 많은 참모들이 모였다.

이성계는 회군을 하면서 "어리석은 국왕과 노쇠한 최영을 믿고 무모한 일을 추진할 수 없다"며 민심을 자신의 편으로 돌렸다.[*주11]

이성계는 고정관념이나 과거의 관습에 얽매이기 보다는 상황의 변화에 능동적이고 유연하게 대처하는 '상황적 리더십'을 통해 정국을 돌파해 나갔다.

동북아시아를 피로 물들인 왜구의 등장

고려를 침탈한 왜구

*주11 이성계 위화도 회군에 나타난 리더십 모멘트 연구, 박현모, 한국학중앙연구원, 2012

14세기 동북아시아의 빼놓을 수 없는 국제정세의 변화는 바로 '일본 왜구'의 등장이다. 텐노(천황)가 두 명이 존재했던 일본의 남북조시대, 권력쟁탈에서 밀려난 군인들이 고려와 명을 비롯해 필리핀과 말레이시아까지 침투해 약탈을 감행하게 된다.

왜구가 성행한 이유는 남조의 텐노가 영주권을 남발하게 되는데 하급 무사 출신의

왜구의 활동 범위. 출처 다음백과

왜구들은 침탈을 통해 모은 돈으로 영주권을 사기 위해 침략행위가 기승을 부렸다. 이들은 20-500척에 이르는 함대를 구축했고 지휘 통제가 일사불란한 군대 차원의 시스템으로 조직됐다.

고려에는 1350년(충정왕2년, 경인년) 처음으로 경남 고성을 침공했는데 이를 경인왜구라고 한다.

당시 1천여 명의 왜구가 쳐들어 왔으나 고려군이 왜구의 수급 300명을 베었다는 기록이 있다. 이후 기록된 것만 529회의 왜구 침략이 있었다.

명나라에도 북로남왜(北虜南倭)라는 말이 생겨날 정노로 외환을 겪었다. 북쪽의 오랑캐와 남쪽의 왜놈이라는 뜻으로 중국 해안가에는 왜구의 침몰로 엄청난 수난을 겪었다.

왜구의 침략으로 고려는 관료들의 봉급을 못 줄 정도로 휘청하게 된다. 백성들의 삶도 피폐해 졌다. 왜구는 경상도, 전라도, 충청도의 해안가를 집

중적으로 공략
하다가 시간이
지나면서 내륙
으로 침략범위
를 넓히게 된다.
 또한 세금을
실어 나르는 조
운선(漕運船)을
공격하게 되는
데 이를 위해 강

진포해양테마공원에서 바라본 군산앞바다 모습.
지금은 왜구 대신 어선들이 가득차 있다.

화도 앞바다를 3년 동안 점거하기도 했다. 왜구의 침략으로 고려 백성들은
쌀농사는 물론 어업도 못하게 되고 말과 소를 기르는 목축도 못하게 된다.
 당시 왜구는 "우리가 이렇게 돌아다녀도 우리를 잡는 자가 없다. 여기가
낙원이도다"라고 했다.

 권근이 기록한 '양촌집'을 보면 그 수탈상을 엿볼 수 있다.

 "흥해라는 고을이 있는데, 어업·염업을 비롯해 비옥한 토지로 생산이 높았다.
 옛날에는 주민이 많았는데 중간에 왜란을 만나 점차로 줄어들다가 경신년
(1380년) 여름에 이르러서는 더욱 맹렬한 화를 받아 함락되고 불탔으며 백성들이
살해와 약탈을 당하여 거의 없어지고, 그중에 겨우 벗어난 사람은 흩어져 사방으
로 가버려 마을과 거리가 빈터가 되고, 가시덤불이 길을 덮으니 수령으로 온 사
람들이 먼 마을로 가서 움츠리고 있고 감히 읍 안에 오지를 못한 것이 여러 해였
다."〈권근의 양촌집- 흥해군 신성 문루기 中〉

 왜구의 침탈을 받은 마을은 완전히 초토화됐다. 당시 백성들은 마을을 버
리고 산으로 도망갔다가 왜구가 없는 틈을 타서 마을로 내려오곤 했다.

 이에 대한 고려 정부의 대책은 무엇이었는가. 그것은 해안가 마을을 내륙
으로 옮기는 것이었으나 이것은 미봉책에 불과했다.

당시 중국 대륙은 원명 교체기로 혼란스러운 시기였다.

명나라가 성장히 면시 원나라가 북쪽 몽골지역으로 밀려났고 이틈을 타

진포대첩, 한국학중앙연구원 소장

서 여진족과 거란족이 고려를 침략했다. 또한 중국의 홍건적도 고려를 공격했다.

이때 남쪽에서는 왜구가 성장해 쳐들어 온 것이다. 그동안 왜구는 좀도 둑에 불과했다. 당시 고려의 수군은 1백척 정도에 그쳤을 정도로 독립된 군사편제를 갖지 못했다. 왜구를 막을 군사적 대응 준비가 전혀 없었던 것이다. 고려의 모든 국방력은 북쪽에 맞춰져 있었기 때문이다.

왜 군 과의 전투기록을 살펴보면 1358년 400척의 왜구 대함대가 각산을 공격해서

진포대첩에서 고려수군을 형상화한 모습. 진포대첩 기념비.

이곳에 정박해 있던 고려선박 300척을 불살랐다고 한다. 또한 1374년에는 경상도 함포에서 왜군과 싸우던 고려군사 5천명이 전사했다는 기록이 있다.

당시 고려에서는 왜구를 막기 위해 육방(陸防)론과 해방(海防)론이 대립됐다.

육방론은 고려 해군이 약하니 육지에서 왜구를 방비하자는 전략이다. 이에 비해 해방론은 바다에서 왜구를 막아야 그들의 침략을 격퇴시킬 수 있다는 것이다.

최영이 그 대표 장수로 "배 2천 척과 수군 10만 명을 양성해야 한다"고 주장했다. 이를 지지하고 나선 장수가 이희와 정지 장군이다. 이들은 "전문 수군을 양성하면 5년 안에 바다를 깨끗하게 할 수 있다"고 자신했다.

공민왕은 이를 적극 지지했다.

고려의 영웅, 황산전투의 '이성계'

황산대첩 기록화, 홍순무 작, 전주어진박물관 소장

정지 장군은 자신의 고향인 나주, 목포 일대에서 차근차근 수군을 양성했다. 수군에 맞는 신호체계를 만들었다. 장비를 왜구에 맞게 개량했다. 그러나 속도가 너무 느렸다. 이때 한방을 터뜨린 것이 바로 최무선이다. 그의 노력으로 고려는 18종의 화약무기를 만드는데 성공한다. 화포가 만들어 지자 사람들이 놀라고 감탄했다.

1380년 왜구가 500척을 이끌고 진포(군산)앞바다로 쳐들어 온다.

당시 고려 수군은 100척에 불과했다. 그러나 최무선의 화포 덕분에 왜구를 크게 무찌를 수 있었다.

학자 권근은 "공의 지략으로 삼십년 왜란이 하루 만에 평정됐네. 세상을 덮은 공명은 해와 함께 빛나도다"라고 최무선의 공을 칭찬했다.

진포해전에 패전한 왜구는 구원부대가 올 때까지 경상도 전라도를 휩쓸며 약탈을 자행했다.

이때 등장한 것이 바로 동북면 부대의 이성계 장군이다.

고려사 변안열전에는 "적군이 아군보다 10배는 많았으나 겨우 70여명만이 살아남아 지리산으로 도망갔다. 왜구의 피로 강이 물들어 7일간 물을 먹을 수 없었다"고 적고 있다. 이때 포획한 말이 1,600여필이라고 한다.

이성계는 그 당시 고려백성을 괴롭히던 왜구를 크게 무찌른 것이다.

황산전투 패배 후 한동안 조용했던 왜구가 3년 후 120척을 이끌고 합포에 출몰했다. 이때 수군양성에 몰두했던 정지 장군이 50척을 이끌고 이들을 무찔렀다.

당시 사망한 왜구가 2천명에 이르렀다. 고려 수군의 실력이 상당한 수준으로 올라왔음을 보여주는 대목이다. 이후 왜구의 대규모 침략은 잦아들었다.

왜구가 등장한지 무려 40여년 이후의 성과이다.

대마도를 정벌하라

이성계를 도와 위화도에서 회군했던 박위가 1389년 경상도 도순문사로서 왜구의 근거지인 대마도를 공격했다. 함선 100여 척을 이끌고 정벌에 나선 박위는 적선 300여 척을 불태우는 전과를 올리고 왜구를 뿌리 뽑는 데 커다란 기여를 했다.

태조 이성계는 "박위와 같은 인재는 쉽사리 얻을 수가 없다"라고 할 정도로 유능한 장군이었다.

박위 장군. 문화재청 소장

고려는 40년간 왜구 침입에 대해 방어적인 자세를 취하면서 일본에 사신을 보내어 교섭을 시도했지만 번번이 실패로 끝이 났다.

약탈이 끊임없이 진행되자 조정에서는 대마도 정벌을 위해 박위 장군을 총사령관으로 임명하고 군사 1만 명과 전함 100척을 징발해 대마도로 정벌을 떠나게 된다.

박위 장군을 필두로 한 대마도 정벌군은 신속하게 이동해 왜구가 저항할 태세를 갖추기도 전에 공격을 시작한다.

정벌군은 해안가에 정박하고 있는 왜구의 전선을 먼저 공격해 3백 척을 소각하자 왜구는 반격할 기회를 놓치고 섬 안의 산속으로 도망을 가버린다.

박위 장군은 왜구의 전초기지인 대마도를 폐허로 만들고 고려인 포로 100여 명을 구출하는 대승을 거두게 되면서 우리나라 최초의 대마도 정벌은 성공적으로 끝이 난다.

PART 04

자신을 낮추는
'섬김의 리더십'

자신을 낮추는
'섬김의 리더십'

리더는 '자질구레한 일'에서 자유로워야 한다. 유능한 리더는 큰 그림의 세부사항들을 알고 있지만, 그런 일들을 직접 간섭하지는 않는다. 리더가 비전과 계획을 세우고 조직 내에 올바르게 전파했다면, 구성원들은 목표가 무엇이고 자신들에게 무엇을 원하고 있는지 알게 된다. 그들이 각자의 목표를 달성하는 과정에서 필요한 모든 요소들을 따스한 가슴으로 지원해 주는 것이 바로 섬김의 리더십을 발휘하는 리더의 역할이다.

태조 이성계는 임실 상이암에서 기도를 하면서 하늘로부터 왕조 창업의 목소리를 들었다고 전해지고 있다. 여기서 하늘이라는 높은 곳에서 들었다는 것은 바로 '백성의 목소리'이다.

이성계가 자신의 욕망에 의해 조선을 세우고자 한 것이 아니라 백성의 여론과 민심을 받들어 새 나라를 개국했음을 암시하고 있다.

이러한 이성계의 모습은 '섬김의 리더십(Servant Leadership)'이라고 말할 수 있다. 그는 새 나라 개국이라는 큰 그림을 위해 자신의 욕망을 내세우는 대신 백성들과 자신의 지지자들을 섬기는 태도를 보인다. 보스가 되기보다는 인자한 어머니의 품을 보여 주는 것이다.

섬김의 리더십을 한마디로 정리한다면 든든한 후견인으로 표현할 수 있을 것이다. 결코 섬김 개념은 구성원들이 해야 할 일을 대신해서 하는 것을 의미하지 않는다. 모든 구성원이 추구할 수 있는 큰 그림을 그리는 사람이 리더이다. 그래서 리더는 '자질구레한 일'에서 자유로워야 한다. 유능한 리더는 큰 그림의 세부사항들을 알고 있지만 그런 일들을 직접 간섭하지는 않는다.

리더가 비전과 계획을 세우고 조직 내에 올바르게 전파했다면 구성원들은 목표가 무엇이고 자신들에게 무엇을 원하고 있는지 알게 된다. 그들이 각자의 목표를 달성하는 과정에서 필요한 모든 요소들을 따스한 가슴으로 지원해 주는 것이 바로 섬김의 리더십을 발휘하는 리더의 역할이다.

섬김의 리더는 다른 어떤 것보다 모든 구성원이 함께 가야 할 방향을 올바르게 찾아야 한다. 그는 고려의 계승보다는 역성혁명을 통한 새로운 나라의 창업으로 방향을 잡았다. 그리고 그 비전을 지지자 그룹과 백성들과 함께 공유했다.

조선의 개국에서 이성계가 자신의 사익(私益)을 추구했던 모습은 드러나지 않는다.

그는 큰 그림을 그리고 이를 자신의 지지세력인 성리학자들에게 세부적으로 그리게 한다. 정도전, 조준, 권근 등이 중심이 돼 새 나라의 통치철학과 법치의 기틀을 마련했다.

새로운 국가 건설의 주역이었던 이성계는 비전(vision)형 리더십을 보여주기도 했다.

비전형 리더십은 조직이 새로운 방향으로 나아가야 하는 상황에 가장 부합하는 리더십이다.

조선의 3대 정치이념은 숭유억불, 농본주의, 왕도정치였다. 이성계를 도와 조선 건국에 앞장섰던 혁명파 신진사대부들의 성리학적 이념을 반영한 것이었다.

이성계와 개국공신들은 이념적 동지였던 것이다. 이 3대 정치이념은 500여 년 조선왕조의 국가 정체성을 이루는 뼈대가 됐다.

태조 이성계가 조선을 건국하면서 보여준 가장 큰 덕은 바로 '겸손'함이었다. 본인이 위화도회군을 단행한 이후 곧바로 왕권을 차지할 수도 있었지만 그는 4년 동안을 기다리며 백성들의 민심이 자신을 향하기를 인내와 겸손을 가지고 기다렸다.

마침내 수차례의 겸양지덕(謙讓之德)을 보여 주며 고려로부터 왕권을 이양(移讓)받게 된다.

이성계는 전장에서도 백성을 아끼는 마음이 애틋했다.

이성계는 1380년 삼도순찰사에 임명돼 왜구를 정벌하기 위해 남원으로 향한다.

> "태조는 한양에서 남원으로 오는 길에 왜구에게 죽은 고려 백성의 시신이 서로 잇대어 있음을 가엾게 생각하며 편안히 잠자고 밥을 먹지 못하였다."〈태조실록, 총서〉

그가 백성들을 아끼는 마음이 잘 드러나고 있다. 이성계의 군대는 또한 군사 작전 중 백성들의 피해를 줄이고자 노력했다. 황산전투가 끝난 뒤 군사들이 장막의 기둥을 모두 가벼운 대나무로 바꾸려 하자 이성계는 "대나무가 가벼우므로 먼 데서 운반하기가 편리하겠지만 대나무는 민가에서 심은 것이고 우리가 꾸려온 그 전 물건이 아니니 그 전 물건을 잃어버리지 않고 돌아가면 족할 것이다"고 말했다.

당시 고려군은 왜적에 필적할 만큼 백성을 약탈했다.

이에 대해 이성계는 백성들을 수탈하는 행위를 일절 금했다. 이것이 바로 이성계 군대가 백성들의 지지를 받았던 가장 큰 요인이었다.

위기와 변화의 시기를 겪고 있던 고려 말, 중국 역시 원나라가 쇠망하고 명나라가 들어서는 격변기를 겪고 있었다. 홍건적 출신 주원장이 세운 명나라는 점점 세력을 넓혀 나가다 마침내 원나라를 멀리 북쪽으로 쫓아내고 중원을 차지하게 된다.

이들이 압록강 북쪽, 지금의 심양 남쪽 진상둔진에 철령위를 설치하겠다고 고려에 통보했을 때 우왕이 격분한 것은 당연했다.

그곳은 조상 대대로 전해온 고려의 강역이었기 때문이다. 우왕이 박의중을 사신으로 보내 명나라에 항의하고 북벌군을 북상시킨 것은 왕이 해야 할 당연한 일이었다.

그러나 문제는 고려 내부에 있었다. 소수 권문세력들이 농민의 토지를 빼앗아 공동체가 뿌리부터 붕괴되고 있을 때 이성계는 자신보다 일곱 살이나 어린 떠돌이 지식인 정도전을 스승으로 삼았다.

이성게는 그 떠돌이 지식인의 머릿속에 새나라를 창업할 수 있는 새로운 구상이 있음을 알았다.

바로 토지개혁이다. 이성계는 정도전과 함께 직접 저잣거리와 농촌을 다니면서 백성들의 삶을 직접 체험했고 마침내 사전(私田) 혁파를 자신의 임무로 여겨 실천에 옮겼다. 그렇게 이성계는 들판 백성의 지지를 받았고 이는 곧 왕씨에서 이씨로 천명이 돌아섰음을 의미했다.

만백성의 존경을 받던 상승의 무장임에도 나이 어린 떠돌이 지식인을 스승으로 모실 수 있는 자세, 이것이 이성계를 개국시조로 만든 가장 큰 자산이었다.

그는 늘 자신을 낮추는 섬김의 리더십으로 주변의 인망을 얻었다. 그 결과 전선에서는 부하들이 앞 다투어 최전방에 나서게끔 했고 백관들 또한 앞 다투어 그를 임금으로 추대했다.

그는 리더가 자신을 낮출수록 오히려 그 리더의 권위가 높아진다는 사실을 잘 알고 있었다. 이런 지혜는 누구 못지않게 수많은 역사서를 섭렵한데서 나온 지식의 산물이었다. 과거사인 역사 공부를 통해 현시대를 통찰하는 지혜를 얻은 것이다.

태조 이성계는 바로 이런 섬김의 리더십과 시대를 읽는 지혜로 창업이라는 대업을 이루어냈다.[주12]

[주12] 『조선왕조실록1』 이덕일, 다산초당, 2018

서번트 리더십이란?

서번트 리더십은 그린리프(R. Greenleaf)라는 경영학자에 의해 1970년대 초에 처음으로 소개되었다. 그린리프는 헤세(H. Hesse)가 쓴 '동방 순례'라는 책에 나오는 서번트인 레오(Leo)의 이야기를 통해 서번트 리더십의 개념을 설명했다.

레오는 순례자들의 허드렛 일이나 식사 준비를 돕고, 때때로 지친 순례자들을 위해 밤에는 악기를 연주하는 사람이었다. 레오는 순례자들 사이를 돌아다니면서 필요한 것들이 무엇인지 살피고, 순례자들이 정신적으로나 육체적으로 지치지 않도록 배려했다.

그러던 어느 날 갑자기 레오가 사라져 버렸다. 그러자 사람들은 당황하기 시작했고, 피곤에 지친 순례자들 사이에 싸움이 잦아졌다. 그때서야 비로소 사람들은 레오의 소중함을 깨닫고, 그가 순례자들의 진정한 리더였음을 알게 되었다.

서번트 리더십은 레오와 같이 다른 구성원들이 공동의 목표를 이루어 나가는데 있어 정신적·육체적으로 지치지 않도록 환경을 조성해 주고 도와주는 리더십이다. 결국 인간 존중을 바탕으로 다른 구성원들이 잠재력을 발휘할 수 있도록 도와주고 이끌어 주는 것이 서번트 리더십의 핵심이다.

임실 상이암에서 '백성들의 목소리'를 듣다

이성계가 고려 말 전국구 인물로서 확고한 명성을 떨치게 된 계기는 황산대첩이다. 1380년 9월 남원 근처의 황산에서 왜구들을 크게 무찌른다.

당시 고려의 마지막 카드였던 이성계마저 적장인 아지발도에게 패했더라면 수도 개성도 왜구에게 공격당할 수 있는 상황이었다. 자신의 본방격인 북쪽이 아니라 처음 방문해 보는 남쪽에서 치러지는 황산대첩은 이성계 일생에서 가장 힘들고 아슬아슬했던 전투였을 것이다.

목숨을 걸어야 하는 비장한 상황이 되면 인간은 하늘에 기도를 드린다. 이 전투 무렵에 이성계는 임실군에 있는 상이암(上耳庵)이라는 암자에서 하늘에 기도를 드렸다. 이곳은 이미 고려를 창건한 태조 왕건이 건국의 계시를 받았다고 전해지는 곳이다.

상이암은 임실의 주산(主山)인 해발 876m의 성수산(聖壽山)에 자리잡고 있다.

875년 신라 헌강왕 때 도선 국사(道詵 國師)는 도선암을 창건하였고, 왕건이 이곳에서 100일 기도 후 고려 건국의 계시를 받았다고 한다.

왕건은 기쁨을 억누르지 못해 환희담(歡喜潭)이라 글을 바위에 새겼다.

이성계도 이곳에서 치성 후 삼업(三業－몸, 입, 마음으로 짓는 죄)이 청정함을 깨닫고 삼청동(三淸洞)이라 글씨를 새겼다고 한다. 또한 하늘에서 천신이 내려와 손을 귀 위로 올리며 성수만세(聖壽萬歲)라 세 번 외치는 용비어천(龍飛御天)의 길몽을 얻었다.

1394년 조선 태조 때 각여선사가 중수하면서 상이암으로 고쳐 불렀으며 성수산은 조선 제일의 생왕처(生王處)라 불리게 된다.

이곳은 군신조회형(君臣朝會形)으로 임금이 신하들의 조회를 받는 형국으로 천기(天氣)와 지기(地氣)가 충만한 생기처(生氣處)라 한다. 또한 구룡쟁주지지(九龍爭珠之地)로 9마리의 용이 구슬을 서로 차지하려고 하는 형국이라 한다.

임실 상이암 전경

이성계는 상이암에서 기도를 하다가 하늘로부터 "앞으로 네가 왕이 된다"는 소리를 귀로 들었다. 그래서 암자 이름이 '상이암'이 되었다.

조선시대 불교가 탄압받을 때에도 이곳은 유생들로부터 보호를 받았다. 태조 이성계가 계시를 받은 곳이기 때문이다.

상이암은 1894년 동학혁명 때 화재로 소실, 왜병들에 의한 소실 및 6·25 때 소실 등 여러 차례 소실되었었다. 지금 건물은 1958년 11월 상이암 재건위원들이 세웠는데 법당 상량식 당시 오색 서광(瑞光)이 원형을 그리면서 하늘로 높이 뻗는 광경이 있었다고 전북일보는 전하고 있다.

현재 당우(堂宇)로는 법당(法堂), 칠성각(七星閣), 산신각(山神閣), 비각(碑閣), 요사(寮舍)가 있다. 유물로 혜월(慧月)과 두곡(杜谷)의 부도 2기의 문화재가 있다.

겸양지덕(謙讓之德)의 이성계
–공양왕으로부터 왕위를 선양받다

태조 이성계가 직접 썼다고 전하는
'삼청동 글씨'

대한제국 고종황제가
조선 태조를 기념하기 위해 세운 비

공양왕의 반격

1388년 위화도 회군을 성공적으로 끝마친 이성계는 과업을 완수하기 위한 작업을 착착 진행한다. 회군의 주역이었던 조민수를 부패혐의로 유배 보낸다. 이어 고려백성의 우상으로 존재했던 최영도 제거한다. 폐가입진(廢假立眞) 즉 왕씨가 아닌 신돈의 자식이라는 프레임으로 우왕과 창왕도 권좌에서 밀어낸다.

그렇다고 해서 성급하게 자신이 왕권을 거머쥘 이성계가 아니었다. 아직 민심이 자신에게 성큼 다가와 있다고 생각하지 않았기 때문이다.

기다림의 미학을 알고 있는 이성계는 적당한 왕족을 왕위에 추천한다. 그가 바로 정창부원군 왕요다.

왕요는 왕위 순위에서 멀찌감치 떨어져 있었기 때문에 권력에 욕심이 없이 재산을 모아서 풍요로운 삶을 살고 있던 평범한 왕

삼척시에서 거행하는 공양왕 제례

족이었다. 그러나 그는 역사의 필요에 의해 왕위에 올라 망국을 짊어지는 운명을 걸어야만 했다.

1389년 왕위에 오른 공양왕 역시 자신의 역할을 잘 알고 있었다. 고려의 진짜 왕이 아니라 이성계의 허수아비라는 것을 감지하고 있었다.

실제로 공양왕은 근심과 두려움 속에 밤잠도 설치면서, 울면서 왕이 된 사람이었다. 공양왕은 즉위 후 일종의 취임사로 "자신은 본래 덕이 없어 왕위를 사양했으나 자신의 의사와 상관없이 왕이 되었다"고 토로했다. 공양왕은 이렇게 갑자기 무거운 짐을 지게 되어 어찌할 바를 모르겠으니 모든 일을 신하들에게 맡기겠다는 취지의 말을 남겼다.

그러나 막상 왕위에 오른 공양왕은 모든 일을 신하들에게 일임하겠다는 취임사와 다르게 즉위 초부터 의외로 이성계 일파를 골치 아프게 만들었다. 눈물로 숨겼던 복심을 서서히 드러내기 시작한 것이다.

혁명파와 불거진 첫 번째 갈등은 이색과 조민수에 대한 숙청 문제였다.

이성계 일파는 이색과 조민수가 작당하여 가짜 왕인 우왕을 세웠으니 이는 대역죄가 아닐 수 없다며 처벌을 주장했다. 혁명파 세력은 자신들의 역성혁명에 걸림돌이 되고 있는 이색과 조민수 등의 구세력을 완전히 말소하고자 그들의 처벌을 주장했던 것이다.

그런데 공양왕은 이색과 조민수 처벌에 대해 미온적인 태도를 보였다. 심문을 통해 이색과 조민수가 협의하여 창을 세웠다는 진술을 확보했지만 공양왕은 이색을 유배에 처하고 조민수를 서인으로 강등하는 데에 그쳤다.

구세력을 척결하고자 했던 혁명파의 공세가 수포로 돌아갔다. 공양왕이 1승을 거둔 셈이다.

이어 이성계 일파와 공양왕의 기싸움은 우왕과 창왕의 처단문제를 둘러싸고 벌어진다. 일부 대신들이 가짜 왕을 처단해야 한다는 상소를 올렸다, 이에 공양왕은 신속하게 처리하라고 명령한다.

사실 이성계에게는 부담스러운 결정일 수밖에 없다. 비록 공양왕이 명령을 내렸지만 세상 사람들은 실세인 이성계가 전 왕들을 죽였다고 생각할 것이기 때문이다.

이런 분위기 속에서 그래도 명색이 왕이었던 우왕과 창왕을 신속하게 처단해버리니 이성계에 대한 개경의 민심은 곤두박질 칠 수밖에 없었다. 어쩌면 공양왕은 이러한 효과를 노린 게 아니었을까?

공양왕은 왕족으로 태어나 40여 년의 인생을 유복하게 한량처럼 살아온 인물이었다. 말이 좋아 왕족이지 왕통에서 너무 촌수가 멀어 왕위 계승 같은 건 꿈도 꾸지 않았을 것이다. 그러던 그가 서서히 왕권 유지에 대한 발톱을 드러내기 시작했다.

이대로 이성계의 꼭두각시가 될 생각은 없었던 것이다.

정몽주의 일격, 혁명파의 위기

두 번에 걸친 이성계 일파와의 힘겨루기에서 자신감을 획득한 공양왕은 자신과 함께할 우군을 찾기 시작한다.

그가 바로 고려의 충신 포은(圃隱) 정몽주(鄭夢周, 1337~1392)이다.

정몽주는 이색에게 수학한 수재로 글 솜씨와 외교직 수완으로 소문이 자자한 인물이었으며 스승 이색보다는 막역한 동료 사이인 정도전과 행보를 같이 해 왔다.

흔히 알려진 것과 달리 정몽주는 우왕과 창왕 폐위에 적극적으로 관여했고 흥국사 9공신 안에도 들었다. 즉 이성계 세력과 개혁의 뜻을 함께 했던 것이다.

이런 것들은 그가 우직한 충신만이 아닌 현실 바꾸고자 하는 개혁주의자였다는 것을 알게 한다.

하지만 그는 시간이 지나면서 급진적인 주장을 해대는 이성계 일파와 거리를 두기 시작했고 새로운 왕조를 세우기보다는 고려 왕조 안에서 개혁을 하자는 쪽으로 기울었다.

정몽주와 이성계가 함께 활약한 14세기 후반은 동아시아 국제질서가 급변하는 시기였다. 몽골초원, 중국대륙, 한반도, 일본 열도, 동아시아 해역 전체가 변화의 바람에 휩싸일 때였다.

이런 시대일수록 외교나 군사 방면의 능력자들이 두각을 보이기 마련이다.

정몽주는 두 가지 방면에서 모두 능력을 발휘했다. 그는 명나라와 왜국에 사신으로 나가는 한편, 여진족이나 왜구를 토

정몽주 초상화, 국립중앙박물관 소장

벌하는 전쟁에도 참전했다. 이성계와 함께 황산대첩에 참가해 혁혁한 전과를 세운 것이 대표적인 예이다.

정몽주의 삶을 정확히 표현하면 외교무대와 전쟁터에 불려다니는 신세였다.

그의 문집인 〈포은집〉에 실린 '여흥루에서 쓰다'라는 시에는 "말 타고 동서로 달리며 대체 무슨 일을 이루었나/ 가을바람에 황급히 또다시 남쪽으로 간다"란 대목이 있다. 이리저리 불려 다니는 자신의 처지를 보여주는 대목이다.

신세한탄을 하던 정몽주는 두 살 위인 이성계에게서 꿈에서 그릴 만한 영웅의 모습을 발견했다.

이성계를 칭송하는 시(詩)인 '송헌 이시중의 화상을 찬미하며'에서 그는 "풍모가 호걸 같으니 꽃동산의 송골매로구나/ 지략이 깊고 웅대하니 남양(南陽)의 용이로다. 서책에서 옛 사람의 행적을 찾아봐도 그대와 같은 이는 드물구나"라고 찬미했다.

이성계의 풍모와 지략을 송골매와 용에 비유하면서 책을 다 뒤져봐도 이런 영웅은 없다고 극찬한 것이다. 이 정도로 이성계를 좋아했기에 정몽주는 이성계의 위화도 회군도 지지하고 흥국사 9공신 중 한사람으로 우왕·창왕의 폐위 및 공양왕 옹립도 함께했다.

이 과정에서 정몽주는 이성계와 힘을 합쳐 이인임·최영·조민수·이색 등의 경쟁자들을 하나씩 그리고 모두 제거했다. 그래서 이성계·정몽주·정도전이 권력의 핵심부를 형성하는 단계에까지 도달했다. 이제 고려 천지에는 이들을 능가할 정치세력이 없었다.[주13]

그러나 정몽주와 이성계의 인연은 여기까지였다. 이성계가 역성혁명을 도모하며, 왕위에 오르고자 하는 모습을 보이자 정몽주는 더 이상 함께 할 수 없었다.

[주13] 이성계를 흠모하던 정몽주, 왜 돌변했을까, 김종성, 오마이뉴스, 2014

정몽주는 공양왕과 손을 잡는다. 이성계의 역성혁명 대신 고려를 선택한 것이다. 공양왕에게는 천군만마를 얻은 셈이 됐다.

정몽주는 "혁명파 신하들이 권세를 탐하고, 다른 신하들을 모함했으며, 조정을 혼란케 했으니 이들을 극형에 처해야 한다"고 상소를 올렸다.

드디어 공양왕 3년(1391) 9월, 반이성계파 대간들은 정도전을 극형에 처해야 한다고 주장했다. 첫 공격이 정도전을 사형에 처해야 한다는 것일 정도로 이들의 정도전에 대한 원한은 사무쳤다.

이들이 볼 때 임금으로 모셨던 우왕을 죽인 정도전은 역적이었다.

공양왕은 정도전을 지방관인 평양부윤으로 좌천시켰다. 이어 정몽주는 "창왕을 추대한 것은 조민수의 잘못이지 이색의 잘못이 아니라"는 논리로 이색의 사면을 주장했다.

공양왕에게 이성계파를 견제하기 위해서는 이색이 절대적으로 필요했다.

공양왕은 더 이상 이색에 대해 논의하는 것 자체를 금지시켰다. 사면된 이색은 혁명파에 맞서며 공양왕의 든든한 우군이 되어 주었다. 잇단 승리에 힘을 얻은 사헌부는 정도전을 계속 공격했다. 공양왕은 정도전의 직첩과 녹권을 회수하고 귀양지를 나주로 옮겼다. 반면 이색은 한산 부원군, 우현보는 단산부원군으로 복권시켰다.

혈혈단신으로 이성계에 맞섰던 공양왕이 단번에 공세를 바꾼 것이다.

이성계는 난감했다. 자신들이 세운 공양왕을 또 내쫓을 수는 없었다. 그런데 1392년 3월, 아무도 예상하지 못했던 사태가 발생했다.

이성계가 남경에서 돌아오는 세자를 맞이하러 황해도로 갔다가 말에서 낙상한 것이다.

공양왕과 정몽주는 하늘에서 선왕들의 영혼이 돕는 것으로 여겼다.

공양왕은 주저하지 않았다.

"조준은 귀양 보내고 남은, 윤소종, 남재, 조박은 관작을 삭탈하고 귀양 보내라."

이색, 정몽주 등은 이성계의 참모들을 먼저 처벌하고 이성계의 삼군도총제사 자리를 빼앗으면 이성계 일파를 무력화시킬 수 있다고 생각했다.

이성계 일파는 풍전등화 상태가 됐다.

정몽주는 여기서 고려의 혼란을 끝내고 싶었다.

그 끝이 이성계의 목숨을 앗아가는 것이었을까.

벽란도에서 개경의 집으로 돌아온 이성계를 만나기 위해 직접 사저를 방문하게 된다. 이성계의 건강상태를 직접 눈으로 확인하기 위해서였다. 그러나 그가 왜 혼자 위험을 무릅쓰고 이성계를 찾아갔는지는 역사의 미스터리이다.

이방원은 이를 재역전의 마지막 기회라고 생각했다. 집 안으로 들어온 호랑이를 그냥 돌려보내서는 안 된다고 생각했다. 그는 가신인 서얼 출신 조영규 등 네댓 명을 문병을 마치고 돌아가는 정몽주에게 붙였다.

정몽주가 피살당한 선죽교 모습

이들은 선죽교에서 정몽주를 쇠도리깨로 때려죽였다. 정몽주의 꿈은 3일 천하로 끝나고 말았다. 고려 최후의 충신은 56세를 일기로 선죽교에 핏자국을 남기며 역사의 저편으로 사라졌다.

겸손으로 왕위를 이어받다.

공양왕은 무신정권 때의 명종처럼 실권은 없더라도 사직만은 보존하려는 전략으로 왕위에 있었다. 이방원이 정적(政敵)인 정몽주를 암살하면서 공양왕은 더 이상 의지할 세력을 상실한다.

이로써 고려의 마지막 기둥이 무너지자 왕은 완전히 무너져 내렸다.

조회가 끝나면 대신들이 왕이 아직 자리에 있는데도 그냥 일어나서 나가버리거나, 연회에서 공양왕 면전에서 술주정을 하는 대신도 있을 지경이었다.

이제 공양왕은 신하인 이성계에게 동맹을 맺자는 제안을 할 정도로 목숨조차 부지하기 어려운 상황이 되었다.

사실 동맹이란 것은 나라와 나라 또는 세력과 세력 간이 맺는 것이지 군주와 신하가 맺는 것이 아니다. 다만 고려의 역사에는 이전에 무신정권이라는 전례가 있었으니 그를 모범으로 하려고 했던 것 같다.

동북면에서의 이성계의 입지는 이미 왕이나 다름없었고, 우왕이 즉위하던 시점에서 이성계를 건드릴 사람이 없었으며, 위화도 회군을 하기 전에 사병 군사력이 이미 고려 전체를 뛰어넘었다.

게다가 고려시대 이전의 무신정권의 집정자들과 달리 이성계는 문신들(신진 사대부)의 강력한 시시까시 받고 있었나.

대세는 완전히 기울어 1392년 7월, 왕대비 안씨(정비 안씨)의 이름으로 공양왕은 폐위되고, 원주로 유배되었다. 7월 16일 대비로부터 옥새가 전해지고, 7월 17일 이성계는 개경 수창궁에서 국왕으로 즉위하게 되었다.

이로써 고려 왕조는 34왕 475년만에 멸망했다.

정도전, 남은, 조준 등 50여 명의 대소신료들이 공양왕으로부터 옥새(玉璽)를 받아내어 이성계 집으로 찾아가 보위에 오를 것을 간청한다.

그러나 이성계는 3번이나 사양을 했다. 그들은 도평의사사에서 그것을 정식으로 비준한다. 고려 최고 정무기관에서 정식으로 의결한 것이다. 결국 선양에서 추대로, 다시 인준이라는 합리적인 결정을 통해 왕조가 바뀌었다.

이성계는 왕위에 오르기 위해 이런 요순시대의 선양을 기대했었는지 모른다. 백성들에게 존경받고 덕망 있는 사람이 왕위를 물려받는 선양을 통해 이성계가 왕이 된다면 자신이 꿈꾸는 이상적인 국가를 건설할 수 있다고 생각했을 것이다.

> "아아, 내가 덕이 적고 우매하여 사정에 따라 조치하는 방법을 알지 못하는데 그래도 보좌하는 힘을 힘입어 새로운 정치를 이루려고 하니, 경(卿)들은 마땅히 각자가 마음과 힘을 합하여 덕이 적은 이 사람을 보좌하라." 〈태조실록〉

임금의 옥쇄인 어보(御寶)

태조 이성계는 스스로 자신은 덕이 적은 사람이므로 이 책임을 능히 짊어질 수 없을까 두려워하여 사양하기를 수차례나 하였다. 그러나 여러 사람들이 "백성의 마음이 이와 같으니 하늘의 뜻도 알 수 있습니다. 백성의 뜻을 거스를 수 없으니 하늘의 뜻도 거스를 수 없습니다"고 왕위에 오르기를 간청한 것이다.

이렇듯 이성계는 합법적 절차와 백성들의 민심에 귀를 기울이는 정치인이었다.

위화도 회군 이후 군사력을 바탕으로 바로 권력을 잡을 수 있었지만 이성계는 고려의 민심이 자신을 향할 때까지 기다리는 인내심을 보여주었다.

이성계는 상이암에서 들었던 '하늘(上)의 소리, 즉 백성 소리를 들은 것이다. 그리고 드디어 용비어천(龍飛御天)의 길몽을 이루었다.

제왕(帝王)을 꿈꾼 '정치인' 이성계

정치지도자로서 이성계를 알 수 있는 것은 '대학연의'와 '안변책'이다.

태조실록에 따르면, 위화도회군 전에 이성계는 "진덕수(眞德秀)의 〈대학연의(大學衍義)〉 보기를 좋아하여 혹은 밤중에 이르도록 자지 않았으며 개언히 세상의 노의(道義)를 만회할 뜻을 가졌었다"고 한다.

> "태조는 본디부터 유술(儒術)을 존중하여 비록 군중(軍中)에 있더라도 늘 창을 던지고 나서 휴식할 동안에는 유학자 유경 등을 인접하여 경사를 토론했으며 더욱이 진덕수의 '대학연의' 보기를 좋아하여 밤중에 이르도록 자지 않았다"〈태조실록, 총서〉

그렇다면 누가 변방의 장수에게 성리학의 제왕학을 집대성한 책을 전달해 주었을까. 그것은 바로 개혁파 사대부인 조준으로 알려지고 있다. 그 시기는 대략 우왕 10년(1384)에서 14년(1388)사이였다고 추정된다.

> 이성계가 잠저 시에(임금이 되기 전에) 조준의 집을 지나니 그가 중당으로 맞이하여 술을 내며 심히 삼갔다.『대학연의』를 바치면서 "이 책을 읽으면 나라를 위할 수 있습니다."라고 하니 그가 이 뜻을 알고 받았다. 〈태종실록, 조준 잡기〉

고려 말 성리학자들에게는 군주수신론으로『대학연의』가 주목을 받았다. 무신정권 이후 원 간섭기를 거치면서 고려 국왕 중 일부는 탈선의 정도가 극에 달했다.

충혜왕의 경우 '황음무도(荒淫無度)'라는 평가를 받을 정도로 관료들의 부인이나 공주까지 강간하는 경우가 있었다. 결국 충혜왕은 원나라에 의해 강제로 폐위되어 유배가는 도중 사망했으나 백성들은 이를 듣고 슬퍼하는 사람이 없었으며 소민(小民)들은 오히려 기뻐 날뛸 정도였다고 한다.

공민왕의 경우에도 임기 말 자제위를 설치한 후에 홍윤, 한안 등과 함께 음란한 행동을 하면서 이들에게 여러 비(妃)와 강제로 관계시키려고 하였다.

대학연의

이처럼 국왕의 일탈과 도덕적 문제로 인해 그 권위는 실추되었고 이로 인해 관료층들은 체계적인 군주수신론(君主修身論)의 필요성을 느꼈을 것이다.

이에 대해 조준은 이렇게 쓰고 있다.

인도(人道)가 없어졌으니 다시 무엇을 말하겠는가. 더구나 왕이 형벌을 주고 은전(恩典)을 베풀어 벼슬을 주기도 하고 빼앗기도 하는 모든 일을 항상 여러 많은 소인들과 의논하고, 군자에게는 의논하지 않으니, 오늘날 사세는 매우 위태하다. 〈고려사절요〉

당시 조준은 고려 군주들의 수신(修身)에 문제가 있다고 생각했고 그 해답으로 대학연의를 꼽았다.

그는 벼슬자리에서 내려온 이후 14년간 경사(經史)를 연구했고 그 중에서 대학연의를 이성계에게 건네준 것이다. 이성계 역시 조준의 비범함을 알고 옛 친구처럼 대했으며 우왕 14년 위화도회군 이후 조준을 대사헌에 추천하기도 했다.*주14

유교적 정치이념을 실현하는 조선 왕들의 필독서이자 '제왕학(帝王學)의 교과서'로 불린 이 책은 중국 송나라의 정치가이자 학자인 진덕수(眞德秀, 1178~1235년)가 통치철학과 실제 방법을 황제에게 간언하는 형식으로 서술한 것이다.

《대학》의 주요 개념인 '격물치지', '성의정심', '수신제가', '치국', '평천하'를 유교 경전과 역사서에서 선별·발췌하여 풀이와 함께 소개한다. 통치의 의미와 제왕의 마음가짐, 인재를 발탁하고 간신을 구분하여 백성들의 사정

*주14 여말선초 군주수신론과 『대학연의』, 김인호, 역사와현실, 1998

을 공정하게 살피는 법까지 낱낱이 설명하고 있다.

태조는 대학연의를 경연의 교재로 사용토록 했다. 경연은 군주의 학문수련과 통치력을 강화하기 위해 신하들과 학문을 논하고 토론하는 자리이다.

정도전은 다음과 같이 서술하고 있다.

> 전하는 즉위하자 먼저 경연관을 설치하여 고문(顧問)을 갖추었고 항상 말하기를 "『대학』은 인군의 만세의 법을 세우는 데 필요한 책이다. 진덕수는 『대학』의 뜻을 확대하여 『대학연의』를 지었다. 제왕이 정치를 하는 순서와 학문을 하는 근본은 이보다 나은 것이 없다" 하였습니다. 〈삼봉집〉

조선을 탄생시킨 태조와 그 아들 태종이 탐독했고 세종은 백 번 이상 완독하며 경연에서 신하들과 토론하기를 즐겼으며 후기에 이르러서는 숙종과 정조 역시 자주 거론했다는 기록이 남아 있을 정도로 왕들의 사상적 기본으로 평가할 만한 비서(秘書)로 자리 잡았다.

대학연의는 통치의 의미와 제왕의 마음가짐, 인재를 발탁하고 간신을 구분하여 백성들의 사정을 공정하게 살피는 법까지를 낱낱이 설명하고 있다.

통치자라면 윤리적이고 도덕적인 인간이 되기 위해 끊임없이 노력할 것, 자아를 성찰하며 술과 여색 등을 삼갈 것, 왕비와 후궁 및 그 친인척을 다스리고 경계할 것이 상세히 정리되어 있어 '리더십의 매뉴얼'로 평가할 만하다. [주15]

이성계는 당대를 이 도의가 무너진 세상으로 인식하고 이를 다시 일으켜 세우려 했다. 대학연의는 성리학의 제왕학 교과서다. 이성계는 대학연의를 읽으면서 자신이 세우고자 하는 나라의 정치철학에 대해 사색했는지도 모른다.

고려사에는 이성계에 대해 "성향이 착하고 공평(淑均)하며, 국량이 너그

[주15] 『대학연의』, 진덕수/ 이한우 옮김, 해냄, 2014

러웠다(寬弘)"고 적고 있다. 태조실록에는 "활달하여 세상을 구제하는 도량과 인후(仁厚)하여 생명을 아끼는 덕은 천성에서 나왔다"고 한다.

태조 이성계는 자아를 성찰하며 백성들의 사정을 공정하게 살피고자 했다. 또한 인재를 구하는 것을 기꺼이 즐거워하는 정치력을 가지고 있었다.

대학연의가 제시하고 있는 제왕이 가야할 길에 대해 이성계는 늘 흉중(胸中)에 품고 있었을 것이다. 수신제가를 통한 격물치지(格物致知)와 성의정심(誠意正心)으로 치국평천하를 이루고자 했던 마음이 조선의 건국으로 이어지게 된다.

그의 백성에 대한 정치철학을 엿볼 수 있는 것이 바로 '안변책(安邊策)'이다.

'변경을 편안히 하기 위한 대책'이라는 의미의 상소는 1382년 8월 호발도의 침입을 격퇴한 뒤 올려진 것이다. 당시 무인으로서 조정에 상소를 올린 일은 드문 경우였다.

안변책에는 '백성들에게도 군사훈련을 시켜 외인의 침략을 대비하고, 관할지역의 세금으로 군량을 자급할 수 있도록 하며, 권문세족 출신 수령과 장수들은 가렴주구가 심하니 청렴한 자를 선발해 보내 줄 것' 등의 내용을 담았다.

"놀고먹는 중과 무뢰배들이 불사(佛事)를 핑계하고서 함부로 권세 있는 사람의 서장을 받아서 주군(州郡)에 청탁하여, 백성들에게 한 말의 쌀과 한 자의 베를 빌리게 하고는 밀린 빚처럼 징수하여 백성이 배고프고 추위에 떨게 되었습니다. 또 여러 아문과 여러 원수들이 보낸 사람이 떼를 지어 다니며 기식(寄食)하여 백성의 살갗을 벗기고 골수를 부수니, 백성이 고통을 참지 못하여 처소를 잃고 떠돌아다니는 사람이 십중팔구로 군량이 나올 곳이 없습니다.

원컨대 이를 모두 금단하여 백성들을 편안하게 하소서.

원컨대 지금부터는 청렴하고 근실하고 정직한 사람을 공정하게 선출해 백성을 다스리게 하여 홀아비와 홀어미를 사랑하고 어루만져 주게 하며 또 능히 장수가 될 만한 사람을 뽑아 그로 하여금 군사를 거느려서 나라를 지키게 하소서." 〈태조실록, 총서〉

안변책에서는 중과 무뢰배들이 관리들과 손을 잡고 백성들을 수탈하는 모습을 적나라하게 보여주고 있다. 이로 인해 백성들이 유랑하게 된다는 것이다. 이에 대한 대책으로 군사들을 공정하게 선발하고 훌륭한 장수를 뽑아 나라를 지키게 해야 한다고 제안하고 있다.

안변책에는 국가를 지키는 것이 단순히 군사력 증강으로 끝나는 것이 아니라 사회체제의 긴밀히 연계돼 있어 총체적인 개혁을 통해 이룰 수 있다고 보고 있다. 여기에는 이성계가 사회 개혁과 백성들에 대해 어떤 생각을 하고 있었는지를 잘 알 수 있다. 향후 그의 국가개혁에 대한 방향을 읽을 수 있다.

대학연의와 안변책에서 볼 수 있듯이 이성계는 단순히 무인이 아니라 정치철학을 겸비한 정치인이었다.

최영이 아니라 이성계가 역사적 변혁을 성취한 것은 무력이 이념과 결합됐기 때문이다. 정도전을 만난 이성계가 소통이 될 수 있었던 이유는 바로 정치철학이 있었기 때문이다.

최영에게 없었으나 이성계에게 있었던 것이 바로 이것이었다. 이성계가 성리학을 바탕으로 하는 정치철학이 있었기 때문에 개혁을 추구하고자 했던 신진사대부들이 그를 따랐던 것이다.

이성계는 세계사에 유일무이한 방법으로 조선왕조를 개국한 정치인이다.

건국은 인간의 가장 큰 난제이며 건국자는 위대하다. 하지만 그것이 반드시 개인의 행복을 의미하지는 않는다.

큰 희생이 따르고 상처가 남기 때문이다.

이성계는 우왕과 창왕을 죽였지만 오랜 동지인 정몽주를 죽여야 했을 땐 도저히 결단을 내리지 못했다. 정몽주의 피살 소식을 들은 이성계는 "내가 사약을 먹고 죽고 싶은 심정"이라고 애통해 했지만, 건국의 길은 둘 중 하나는 죽어야 하는 선택이었다.

이성계의 말년은 인간으로서 초라한 것이었다. 그럼에도 고려 말의 대혼란을 수습하고 정도전과 함께 새로운 나라 조선을 세운 것은 한국사의 대위업으로 평가돼야 한다고 본다.[주16]

경청할 줄 알았던 '유연한' 정치감각

'남의 말을 귀 기울여 주의 깊게 듣는' 경청(傾聽)의 자세는, 이성계의 트레이드마크인지도 모른다. 경청할 줄 알았기 때문에 주위에 사람이 몰렸다. 정도전이 최영 대신에 이성계를 선택한 것도 바로 자신의 계획을 들어 주었기 때문이다. 이 부분이 바로 최영과 이성계를 구분 짓는 대목이기도 하다.

이성계가 변방의 지방 군벌세력이었지만 고려 정계에서 자신의 입지를 굳혀 나갔던 것을 보면 그의 정치적 감각이 탁월했음을 알 수 있다. 그는 고려를 위기로 몰아넣은 많은 전쟁에서 승리를 이끈 무장이면서 이와 함께 인간적 처세능력이 뛰어났음을 알 수 있다.

물론 세력가를 통해서 자신의 입지를 굳히려는 무리들이 이성계의 주변에 모여든 것으로 볼 수도 있지만 같은 무인도 아니고, 기존 권력가들도 아닌, 어찌 보면 그 시대의 개혁 추구세력인 신진 유학자들과 교분을 쌓아간 점은 그의 탁월한 시대정신이나 정치적 감각을 확인할 수 있는 일면이다.

이성계는 누구보다도 여론과 민심에 관심을 집중했다. 자신이 옳다고 생각한 것을 바로 행동에 옮기는 것이 아니라 형세(形勢)가 무르익기를 기다리는 정치인이었다. 때가 무르익기를 인내할 줄 알았다.

위화도 회군을 감행할 때도 군사들과 백성들의 민심에 귀 기울였다.

> 회군파 장군들은 급속한 추격을 주장했다. 하지만 이성계가 반대했다. 왕과 충돌하면 많은 사람이 죽을 거란 이유였다. 그는 오히려 군사들에게 왕과 백성을 범하지 말라는 엄명을 내렸다.
> "너희들이 만일 임금의 가마를 범하면 내가 너희를 용서하지 않을 것이요, 백성

[주16] 정치가로 변신한 이성계, 김영수 영남대 정외과 교수, 월간중앙, 2017

의 오이 하나라도 빼앗으면 또한 마땅히 죄를 당할 것이다." 〈고려사, 우왕 14년 5월〉

이성계는 왕을 사로잡는 것보다 더 어려운 것이 백성들의 민심을 얻는 것이라는 것을 잘 알고 있었다. 그래서 위화도 회군 이후 개성까지 가는 동안 군사들에게 백성들에게 민폐를 끼치는 일을 엄격하게 금지한 것이다.

위화도 회군으로 권력을 잡은 이후에도 바로 왕위에 오르지 않고 4년 동안 기다리며 백성들이 자신을 임금으로 받아들일 수 있는 때를 기다린 것이다.

이성계는 진정으로 들을 줄 아는 정치인이었다. 전국 명산들을 찾아 다니며 천상의 목소리를 듣고자 했고, 저잣거리 백성들의 민심에 귀 기울였다. 또한 신하들과 소통하고자 하는 군주였다.

예로부터 제왕(帝王)이 일어날 때에는 천명(天命)이 있지 않으면 되지 않는다. 나는 실로 덕(德)이 없는 사람인데 어찌 감히 이를 감당하겠는가. 〈태조실록, 총서〉

태조는 왕위에 오르려면 반드시 천명이 있어야 하며 자신은 덕이 없는 사람이므로 국왕이라는 막중한 자리를 감당할 수 없다고 했다.

그러면 이성계에게 천명이란 무엇을 말하는가. 그에게 천명은 바로 백성의 목소리였던 것이다. 그가 듣고자 했던 것은 백성들이 스스로 자신을 왕으로 섬기는 것이었다. 백성들의 민심이 움직일 때까지 그는 인내심을 가지고 기다렸던 것이다.

이러한 경청의 자세는 한 사람을 얻는 데에도 그대로 나타난다.

이성계는 정몽주가 마음을 바꿔 자신과 함께하기를 인내하며 기다렸다. 정몽주를 얻음으로써 그를 따르고 존경했던 고려 백성의 마음도 함께 얻고자 했던 것이다.

이성계는 정몽주를 만나 진심으로 설득했다. 또한 자신의 아들인 이방원을 통해 정몽주를 설득할 것을 지시하지만, 이방원은 정몽주가 변심할 뜻이 없음을 파악한 이후 개경 대로변인 선죽교에서 정몽주를 척살하게 된다.

결국 이 사건으로 인해 이성계는 세자책봉에서 이방원을 철저하게 배제한다.

이러한 이성계의 태조에 대해 "세간의 여론을 너무 의식한 나머지 우유부단했다"고 폄훼하는 시각도 있다. 그러나 그는 경청하는 자세를 통해 자신이 먼저 앞서나가기 보다는 민심이 자신을 따라주는 형세를 만들려고 노력했던 정치인으로 보인다.

우리가 남의 말에 귀를 기울인다는 것은 보통 인내심으로는 되지 않는다.

『서번트리더십』저자인 제임스 C. 헌터는 "경청하는 태도는 리더가 반드시 계발해야 할 중요한 기술이다"고 경청의 중요성을 강조했다.

백성의 목소리를 경청했던 이성계는 새로운 나라의 개국을 통해, 고려 백성들의 삶의 무게를 자신의 어깨에 짊어지는 '서버트리더십'을 보여주었다.

이성계와 개국공신

정치적, 경제적 변혁과정을 통하여 왕조 교체의 기반을 다진 이성계는 추대의 형식으로 왕위에 올라 새 왕조를 열었다.

1392년 7월 13일 대비(공민왕비 안씨)의 전교에 따라 공양왕을 폐위시키고 같은 달 17일에 형식적이나마 밤새 양위를 사양하던 이성계가 개경 수창궁에서 즉위하여 마침내 조선이 건국하기에 이르게 되었다.

실제로는 이때는 고려였다. 그러나 수창궁 정전에 들어간 이성계도 차마 용상에 앉지 못했으며 어정쩡하게 즉위식을 하였는데 그때 이성계의 나이가 58세였다.

〈태조실록〉 등을 보면 1392년 7월 16일 배극렴과 정도전 등이 고려 왕의 옥새를 받들어 이성계의 집에 몰려가고 다음날 이성계가 수창궁에서 새 왕으로 등극하는 상황이 자세히 기록돼 있다.

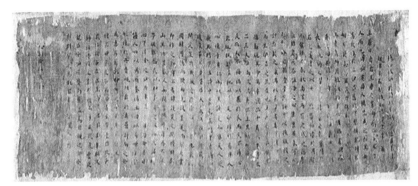

태조 이성계는 즉위 한 달 후 1392년 8월에 공신책봉을 위한 '공신도감'을 설치하고 한 달 후인 9월에 배극렴·조준 등이 포함된 43명의 공신명단을 발표한다.

태조 이성계가 직접 개국공신들의 명단과 공훈을 3등급으로 나누어 발표했다. 같은 해 11월 총 52명의 공신을 확정한다.

1398년 12월 이방원이 1차 왕자의 난으로 실권을 잡은 후 자신을 포함해 방의, 방간 등 세 왕자를 개국공신 1등에 추가해 개국공신은 모두 52인이 됐다.

공신들에게 주어진 특전은 어마어마했는데 1등 공신들의 경우 토지 150-200결을, 2등 공신들의 경우에도 토지 100결을 하사 받았다. 공신들이 하사 받은 토지는 과전이 아니라 세습이 가능한 토지였으며 직급에 따라 받는 과전은 따로 있었다.

이는 왕자들에게 사후 반납이 원칙인 과전 100결을 준 것에 비해 무척 파격적인 포상이 아닐 수 없었다.

개국공신 선발 과정을 살펴보면 이성계의 정치방향을 몇 가지 읽을 수 있다.

첫 번째는 포용력이다. 자신을 지지했던 혁명파끼리만 권력을 나누어 가진 것이 아니라 중도세력까지 포함하는 공신명단을 발표한 것이다.

그 대표적 인물이 배극렴이다.

배극렴과 같은 원로대신을 1등 공신으로 포섭함으로써 새 왕조가 단순히 혁명파만의 나라가 아니라 중도 세력 역시 얼마든지 포섭하겠다는 의지를 보여주기 위해 이 같은 조처를 취한 것이었다.

두 번째는 신분의 귀천을 따지지 않고, 의리를 중시했다.

개국공신들 중에는 권문세족 출신도 있었지만 변변치 못한 집안이 더 많았다.

형제로서 일등공신에 봉해진 남재와 남은은 집안이 가난했다. 무인들도 빈한한 가문출신이 더 많았다.

이성계의 의형제이자 일등공신인 이지란은 본명이 두란첩목아(豆蘭帖木兒)인 여진 사람이었다. 몽골인도 아닌 여진인이 고려의 상류사회와 인연을 갖기가 어려운 상황이었다.

일등공신 김인찬과 삼등공신 한충은 한 대의 화살로 비둘기 두 마리를 잡은 이성계의 활 솜씨에 감복해 그의 부하가 되었다고 알려진 농민출신이었다. 또한 부모 혹은 처가 쪽이 노비이거나 서얼출신의 인사들도 적지 않게 등용됐다.

이처럼 개국공신 반열에 오른 대다수 무인들은 빈한(貧寒)한 가문에서 태어나 이성계와 인연을 바탕으로 새 왕조 개창에 참여하게 된 것이었다.

세 번째는 왕권승계를 염두에 두고 공신책봉이 이루어 졌다.

공신들은 파격적인 대우가 이루어졌지만 왕자들은 한 명도 개국공신 명단에 이름을 올리지 못했다. 이방과나 이방원 처럼 개국에 기여한 바가 큰 이들은 이 같은 처사에 분통을 터트리지 않을 수가 없었다.

한씨 소생 왕자들은 가뜩이나 세자 책봉 문제에서 이방석에게 밀린 것도 분통이 터질만한 일인데 공신 책봉에 있어서도 철저히 배제되었으며 포상 역시 공신들에 비해 보잘 것 없게 주어졌다. 이는 태조 이후의 왕권승계를 염두에 둔 신덕왕후 강씨의 집중적인 견제 때문이었다.

태조는 개국공신들과 새로운 나라를 만들어 간다. 그 과정에서 이성계는 군림한다거나 권위적인 리더십이 아닌 수평적이고 자율적인 리더십을 보여준다. 자신은 새 나라의 큰 방향과 그림을 그리고 든든한 후원자 역할을 한다.

태조 이성계는 섬김의 리더십을 통해 개국공신들과 조선이 나아가야 할 방향을 함께 설계해 나갔다.

왕건과 이성계의 '겸손'과 '포용의 리더십'

918년 고려를 건국하고 936년 삼한통일의 과업을 달성한 태조 왕건과 1388년 위화도 회군으로 실권을 장악하고 1392년 조선을 건국한 태조 이성계 이들은 모두 500년 가까이 지속한 왕조를 탄생시켰다.

태조(太祖)는 묘호이며 왕이 죽은 뒤 종묘에 위패를 모실 때 붙이는 호칭이다.

특히 태조는 왕조를 개창한 임금에게 붙이는 칭호로 우리나라에는 단 두 명 만이 유일하다.

왕건과 이성계는 혼란한 시대에 등장한 변방 출신의 실력자였다.

이들은 각각 910년 나주 전투와 1380년 황산 전투를 승리로 이끌며 중앙 정계에 화려하게 등장한다.

기득권 세력과 멀었던 이들은 새로운 시대를 여는 계기를 마련했다.

혼란스러운 사회 속에서 고통받는 민심에 귀 기울일 실력자가 나타난 것이다.

5백 년이라는 세월의 거리에도 많이 닮아있는 두 태조의 성장 배경은 어땠을까.

왕건은 송악(개성)에서 해상무역으로 부를 쌓은 집안에서 태어났다.

특기는 해상전투로 궁예가 배를 100척 만들라는 명령을 하는데 왕건은 사재를 털어 100척의 배를 만들 정도로 재력가였다.

고려사에는 "왕건이 만든 배 10척은 사방이 16보로서 위에 망루를 세우고 말도 달릴 수 있는 정도였다"고 기록하고 있다.

이성계는 동북면 토호 출신으로 어렸을 때부터 활솜씨가 뛰어났다고 한다.

집안은 대대로 원나라와 고려에서 고위 관직을 지냈다. 전쟁이 나면 친위부대 2천 명 정도를 거느릴 수 있을 정도로 재력을 가지고 있었다.

태조 왕건 어진.
이길범 화백 작. 국립현대미술관 소장

이 둘은 '변방세력'이라는 공통점을 가지고 있다.

통일신라의 수도 경주에서 보았을 때 왕건의 활동무대인 송악은 국경 인근으로 존재감이 미미했던 곳이다.

이성계의 주무대인 동북면 화령의 경우도 원나라 쌍성총관부가 있었던 지역으로 고려 조정의 영향력이 미치지 않는 곳이었다.

변방에서 자랐다는 점은 중앙의 기득권 세력부터 자유로울 수 있었고 이는 개혁에 대한 강한 의지를 갖게 하는 요인이 됐다. 또한 국경지대에서 활동했기 때문에 국제정세의 흐름을 빠르게 감지했으며 포용력있는 사고방식을 가질 수 있었다.

시대가 영웅을 만든다는 말이 있다.

약 500년을 사이에 두고 있는 두 영웅이 활동했던 시기는 백성들이 곤궁한 생활을 이어가고 있어 큰 개혁이 필요한 시점이었다.

'삼국사기 신라본기 헌덕왕 13년'에는 "봄에 백성들이 굶주려 자손을 팔아

생활하는 경우도 있었다"고 기록하고 있다.

'고려사 우왕 9년'에는 "전쟁이 쉬지 않고 계속되며 홍수와 가뭄이 잇달아 들판에는 굶어 죽은 시체들이 있다"고 적고 있다. 두 기록은 통일신라와 고려말의 기록으로 500년을 사이에 두고 백성들은 비참한 생활을 이어가고 있었다.

백성들의 상황이 이러한 데에도 통일신라는 왕위 쟁탈전이 계속됐다.

155년 동안 29명의 왕이 출현하게 되는데 순조로운 계승이 아니라 무력에 의한 찬탈로 이어졌다. 나라의 창고가 궁핍해 왕이 사신을 보내 독촉하니 도적이 벌떼처럼 봉기했다고 한다.

굶주림에 백성들이 도적으로 돌변한 것이다.

고려 말에도 권문세족들의 토지수탈이 극에 달했다.

'고려사 우왕 14년' 기록에는 "권세가들이 자기 마음대로 좋은 토지와 비옥한 땅을 모두 자기의 소유로 만들어 높은 산과 큰 강을 경계로 삼았다"고 적고 있다.

이렇게 혼란한 시기 왕건과 이성계가 왕이 될 수 있었던 이유는 무엇일까. 그것은 바로 '겸손'과 '포용'의 태도를 보였기 때문이다. 이를 통해 사람의 마음을 얻고 세력을 형성할 수 있었다.

통일신라 말 군사력과 경제력을 가진 새로운 지배세력이 등장한다. 바로 힘을 잃은 중앙 정부를 대신해 백성들을 다스렸던 호족들이다. 이 때문에 분열된 나라를 통합하기 위해서는 호족들의 마음을 얻어야 했다.

견훤과 궁예는 권력에 취해 폭정을 일삼으며 호족들의 마음을 얻어내는 데 실패했지만 왕건은 자신을 낮추고 선물을 보내는 등 호족들을 후하게 내접하는 포용력으로 이들의 마음을 얻어냈다.

본인이 호족이었던 만큼 호족들의 마음을 잘 알고 있었다. 호족들의 지배권을 어느 정도 인정해 주며 이를 대가로 호족들의 충성심을 이끌어 냈다.

통합의 리더십을 발휘한 것이다.

5백 년 후 고려 말, 원나라를 등에 업고 권력을 휘두른 권문세족이 등장한다.

권문세족의 횡포에 송곳 꽂을 땅 하나 갖지 못하는 백성들의 고통은 나날이 심해진다. 그때 고통받는 민생을 가까이 지켜보며 개혁을 외치는 목소리가 등장한다.

새롭게 일어난 유학자 신흥사대부였다. 그 목소리에 귀 기울인 이성계는 신흥사대부들과 함께 새로운 나라를 만들기 위한 기틀을 다진다.

신흥사대부들이 최영이 아닌 이성계를 선택한 이유가 바로 그가 가지고 있었던 '포용력' 때문이었다,

한나라를 세운 유방의 '서번트리더십'

유방(劉邦)은 초패왕 항우와 더불어 천하의 패권을 놓고 4년 동안 용호상쟁의 드라마틱한 대결을 펼쳤다.

그는 강소성 패현 사람으로 양친의 이름조차 모르는 미천한 농민 출신이었다.

유방은 젊은 시절 농사짓기를 싫어해 백수건달로 방탕한 세월을 보냈다. 그는 서른 살 무렵 하급 관리인 정장(亭長, 관리들의 숙박시설을 관리하는 직책)이 되었으며, 선보 지역의 유지인 여공(呂公)의 딸과 결혼했다. 여공은 유방의 관상에서 비범함을 느껴 그에게 딸을 주었다고 한다.

진나라 말기 유방은 진나라 타도를 내걸고 군사를 일으켰다.

그는 탁월한 인재 등용 능력으로 결국 천하통일의 대업을 이룩했다. 유방의 가신 소하는 병력과 군수물자를 제때에 공급하여 사기를 누그러뜨리지 않도록 노력했고 진평은 황금으로 항우의 장수들을 매수했다. 또한 한신은 북방의 제후국을 공격하여 빼앗고 항우의 배후까지 진격했다. 여기에 팽월이 아군으로 합세하여 항우를 공격했다.

마침내 기원전 202년 유방은 해하에서 숙적 항우를 대파하고 천하의 주인이 되었다. 난세가 영웅을 만든다고는 하지만 그와 같은 출세담은 전무후무하다고 할 수 있다.

그중 유방의 용인술은 그의 최고의 리더십으로 회자되고 있다.

그에겐 유능한 부하를 고르는 눈과 용병술이 있었다. 그는 한신, 장량, 소하,

번쾌 등과 같은 인재를 등용, 각자의 역량과 소질에 맞는 직책을 부여하고 이들을 전폭적으로 신뢰했다

"본영에서 지략을 짜고 천 리 밖에서 승리를 결정한다는 점에서는 나는 장량에 미치지 못한다. 내정의 충실, 민생의 안정, 군량의 조달, 보급로의 확보라는 점에서 나는 소하에 미치지 못한다. 백만대군을 자유자재로 지휘하여 승리를 거두다는 점에서 나는 한신에게 미치지 못한다.

나는 다만 이 세 사람의 인재를 적절하게 기용하고 그들이 최상의 능력을 발휘할 수 있도록 후원하고 믿어주었을 뿐이다. 그러나 이것이야말로 내가 천하를 얻은 원인이다.

반면에 항우에게는 범증이라는 천하의 인재가 있었지만 그는 이 한 사람조차도 잘 쓰지 못했다. 항우는 한나라의 이간책에 속아 유방이 가장 두려워했던 범증을 해고했다. 이것이 결정적인 패착이 되었다. 이것이 항우가 내게 패한 원인이다."

한 고조 유방 초상화

이처럼 객관적인 전력을 극복하고 유방이 항우를 이긴 이유는 참모들의 의견에 귀 기울이는 서번트리더십으로 백성을 자유롭게 다스렸기 때문이다.

실력으로 보여준
'셀프 리더십'

실력으로 보여준
'셀프 리더십'

이는 다른 사람에 대해 영향력을 행사하는 것이 아니라, 스스로 자신
이 나아가야 할 방향을 설정하고 자기 자신을 통제하면서 자신을 이
끌어 가는 과정인 것이다. 즉 사람은 기본적으로 책임을 회피하기보
다 책임을 지려는 경향이 있고, 문제해결을 위한 창의력과 자율적 통
제를 위한 역량을 갖추었으며, 자아실현의 욕구와 같은 고차원적인
욕구에 의해 동기부여 되는 존재라는 것이다.

태조 이성계가 조선을 건국하고 동북아시아의 맹주로 발돋움할 수 있었
던 원동력은 무엇일까. 그것은 바로 자신의 실력을 극대화하는 '셀프리더
십'(Self leadership)이라고 할 수 있다.

셀프리더십은 자기 스스로 리더가 되어 자기 자신을 이끌어가는 리더십
을 뜻한다.

이는 다른 사람에 대해 영향력을 행사하는 것이 아니라 스스로 자신이 나
아가야 할 방향을 설정하고 자기 자신을 통제하면서 자신을 이끌어 가는 과
정인 것이다.

즉 사람은 기본적으로 책임을 회피하기보다 책임을 지려는 경향이 있고
문제해결을 위한 창의력과 자율적 통제를 위한 역량을 갖추었으며 자아실
현의 욕구와 같은 고차원적인 욕구에 의해 동기부여 되는 존재라는 것이다.

셀프리더십은 자기 관리(self-management)를 포함하는 보다 상위 수준

의 개념이다. 자기 관리가 과업 달성 이후에 받게 되는 보상에 의해 촉진된다면 셀프리더십은 과업 자체를 수행하는 과정에서 파생되는 자아실현욕구를 중요하게 여긴다.

가령 과업을 수행하면서 느끼게 되는 유능감(有能感)이나 목적의식 등이 셀프리더십에서 강조된다.

그렇다면 태조 이성계가 '뜬봉샘'에서 100일간 수련을 했다는 것은 무슨 의미가 있는 것일까. 그것은 바로 성리학이 추구하고 있는 '인간의 본성은 곧 자연이다'(性即理)를 추구한 것이라고 볼 수 있다.

자기 훈련을 통해 거경궁리(居敬窮理)라는 자아의 세계에 대해 탐구를 한 것이다. 이를 통해 시대정신에 맞는 사회의 개혁을 이룩할 수 있는 지도자(Leader)가 되고자 하는 노력을 펼친 것이다.

뜬봉샘이라는 곳은 자연이며 이곳에서 인간의 본성을 깨닫기 위한 자기 수련을 펼친다.

성리학적 이상세계의 구현을 꿈꾸었던 이성계는 자연을 찾아다니며 '경'과 '리'라는 자기 수양과 목적의식을 찾아 나간 것이다.

이는 자기 훈련이라는 철저한 자기관리를 통해 새 나라 창업이라는 목적의식을 함양한 것이다. 뜬봉샘은 그에게 인간의 본성과 셀프리더십을 깨닫게 해준 공간적 배경이 된 셈이다.

어린 시절 이성계는 격구와 활쏘기 등을 통해 자기수련을 해온 것으로 알려지고 있다. 이는 청소년 시절부터 스포츠와 무예단련을 수행하면서 자신의 실력을 탄탄하게 쌓아왔고 자아실현의 욕구를 바탕으로 자기 인생의 목적의식을 다져갔을 것이다.

북방 변지에서 어린 시절을 보낸 이성계는 스무살 무렵에 아버지를 따라 개경에 처음 왔다. 쌍성총관부 수복에 기여한 이자춘 부자를 공민왕이 개경으로 초청한 것이다.

당시 개경에서는 단오절이면 젊은 무관과 귀족 자제들이 왕이 참석한 가운데 개성 대로에서 격구대회를 벌였다.

격구는 페르시아에서 시작되어 티베트를 거쳐 당나라 때 처음 중국에 들어왔다.

한반도는 후삼국 시대에 격구에 대한 기록이 있다.

이성계는 단오 격구대회에서 처음으로 그의 날쌔고 현란한 기마술을 평양사람들에게 과시했다. "온 나라 사람들이 몹시 놀라면서 전고(前古)에 듣지 못한 일이다"고 찬탄했다.

태조실록은 당시 이성계의 격구 실력이 대단했던 것으로 전하고 있다.

조선의 궁술이 발전함에 있어서 태조 이성계의 궁술은 중요한 역할을 하였다고 본다. 먼저 이성계가 즐겨 사용하던 대우전과 편전의 위력과 신기에 가까운 궁술 실력은 고려의 명장으로 성장할 수 있었으며, 이후 고려시대를 마감하고 조선을 창업할 수 있었던 정치력의 근간이었으며, 려말선초의 사회·문화적 변혁을 선도할 수 있는 강력한 버팀목이 되었다.[주17]

조선의 활쏘기는 널리 유행했고 그 솜씨는 중국이나 일본보다 훨씬 뛰어났기 때문에 이웃나라에서는 어떻게든 조선의 활쏘기를 배우려고 했다. 이러한 사회분위기 속에서 태조 이성계의 궁술은 백성들의 관심을 받기에 충분했다.

이성계의 신기에 가까운 궁술실력은 고려의 명장으로 성장할 수 있는 버팀목이 되었으며 이후 고려를 마감하고 조선을 창업할 수 있었던 밑바탕이 되었다.

조선을 개국한 이성계는 활쏘기를 즐겨했고 장려했기 때문에 조선 전기의 활쏘기는 유비무환적인 군사훈련으로써 효용적 가치가 커졌다. 활쏘기를 단순히 사냥과 전쟁을 위한 무예로만 보지 않고 사람의 덕을 관찰하는

[주17] 태조 이성계의 어궁과 궁술에 대한 소고, 박제광, 건국대박물관, 2015

기준이자 인재를 선발하는 수단으로 적극 활용됨에 따라 사대부가 반드시 익혀야 하는 무예의 하나로 인식되기에 이른다.

동북아시아 제1의 신궁이었던 태조 이성계는 자신의 실력을 바탕으로 조선건국을 넘어 중원정벌까지 꿈꾸고 있었다. 자아실현의 목적의식이 가슴속에 꿈틀 거리고 있었던 것이나.

"눈에 보이는 것을 모두 내 땅으로 한다면 초나라 월나라 강남인들 어찌 사양하랴"

이성계가 직접 지은 시의 일부이다.

초나라, 월나라, 강남은 중국 양자강 남쪽 지역이다. 중원도 집어삼킬 기세였다. 그는 중원정벌을 완성함으로써 황제국가를 물려주고 싶어 했던 것이다.

이성계는 왕이 되기 전 한반도 명산을 찾아다니면서 수련과 기도를 했다.

이성계에게 수련은 스스로 자신이 나아가야 할 방향을 설정하고 자기 자신을 통제하면서 자신을 이끌어 가는 과정이었던 것이다. 그는 이를 통해 자기성찰과, 자신의 목표의식에 대해 정진했다.

셀프리더십을 가장 극명하게 보여주는 장면이다.

셀프리더십이란?

셀프리더십은 1980년대 미국의 경기침체를 극복하기 위한 경영혁신 추진과정에서 Manz와 Sims에 의해 1992년에 개발된 리더십 개념이다.

즉 성과를 내기 위해 필요한 자기 방향 설정과 동기부여를 할 수 있도록 스스로에게 영향을 미치는 과정이다.

전통적인 리더로서 자질인 지시, 명령, 통제, 보상, 처벌에 의한 리더십 보다는 스스로가 효과적인 사고와 행동을 통하여 자신의 목표를 설정하고 자율성을 기반으로 성과를 증대 시키는 것을 의미한다. 건전한 사회 활동을 영위하기 위해 자기 스스로 영향력을 발휘하고 성과를 달성하는 행동으로 정의된다.

셀프리더십에서는 자아존중감이 중요하다. 이는 자신에 대한 긍정적 또는 부정적 평가와 관련되는 것으로서 자기존경의 정도와 자신을 가치 있는 사람으로 생각하는 정도를 의미한다.

대인관계는 자아존중감 형성에 중요한 요소이다. 인간은 만족스럽고 효과적인 인간관계의 경험을 통하여 더 풍부하고 완성된 인간으로 발전해 나간다. 즉, 다양하게 경험하는 인간관계의 질과 양에 따라 독특한 자아를 형성, 발달시킬 뿐 아니라 개인의 정체와 건전한 인격 발달에도 큰 영향을 받게 된다.

자아존중감이 높은 사람은 자신과 타인과의 관계를 능동적으로 지속해 나가고, 서로간의 능력을 잘 인정한다.

주위환경이나 사회적 관계에서도 안정감과 소속감이 높을 뿐만 아니라 높은 자신감으로 도전하여 성취감이 향상된다. 반면에 자아존중감이 낮은 사람은 실패를 두려워하며 모험심이 적고 타인에 대한 불신 또는 의존심으로 스스로 문제를 해결하지 못한다.

뜬봉샘, 새 나라를 열기 위해 100일 수련을 하다

장수군 장수읍 수분리의 신무산((神舞山, 897m) 8부 능선에 자리한 뜬봉샘(飛鳳川)은 금강의 발원지다.

뜬봉샘은 용담호와 용담댐, 금강하구둑 등을 지나며 약 400km를 흐르다 서해바다로 빠져나간다. 이 물줄기는 남도 최고의 산간오지인 무진장(무주, 진안, 장수)을 적셔 고원의 젖줄을 이룬다.

발원지 뜬봉샘이 있는 신무산은 바로 옆에 팔공산(1,147m)과 장안산(1,237m) 같은 고산이 솟아 있다. 바위라고는 볼 수 없는 무던한 이곳에서 천리 금강이 발원한 것은 평범 속에 숨긴 비범의 깊은 뜻이 있다.

무주, 진안, 장수 세 지방은 예로부터 내륙 최고의 산간오지였다. 줄여서 '무진장'이라고 부르는데 덕유산 일원의 백두대간을 끼고 있는 산악지대는 워낙 깊고 넓어서 손바닥만한 평지도 찾아보기가 힘들다.

들판이라도 있으면 모두 높은 고원지대에 자리해서 사방으로 험난한 고

신무산에 위치한 뜬봉샘 모습

개를 넘지 않으면 닿기도 어렵다. 이처럼 산과 고개로 막히고 단절된 무진장 중에서도 장수는 평균높이가 가장 높고 가장 깊은 내륙에 자리한다.

금강의 발원지 뜬봉샘이 있는 신무산은 장수읍이 터 잡은 고원지대의 남단에 있다. 산세로 보자면 섬진강 발원지 데미샘을 안고 있는 팔공산과 장안산을 잇는 산줄기의 중간쯤이다.

두 거봉 사이에서 훌쩍 낮아진 덕에 신무산은 자연스레 분수령을 이루는데, 산 바로 동쪽에 분수령의 다른 말이기도 한 수분령(水分嶺, 539m)이 있다. 고개 정상의 휴게소에는 '구름도 쉬어가고 바람도 자고 가는 곳'이라는 문구가 눈에 띈다.

고개에 떨어진 빗물은 단 1m 차이로 북쪽으로 흐르면 금강으로, 남쪽으로 흐르면 섬진강으로 흘러든다. 뜬봉샘은 수분령을 낀 수분마을 뒤편 가장 깊숙한 곳에 있다.

뜬봉샘물.
이 샘물이 금강의 발원지 이다.

뜬봉샘은 이성계의 건국 신화에 얽힌 이야기가 전해져 오는 곳이다.

이곳은 이성계가 왕이 되기 전 기도하던 곳으로 조선 건국의 계시를 받아 큰 봉황이 날아 올랐다 하여 '뜬봉샘'이라 부르게 되었다.

이후 이성계는 단 옆에다 상이암을 짓고, 옹달샘물로 제수를 만들어서 천제(天祭)를 모셨다고 한다.

뜬봉샘에 깃든 이성계의 전설을 살펴보면 다음과 같다.

> 태조 이성계가 나라를 얻기 위해 계시를 받으려고 팔공산 중턱에 단을 쌓고 백일기도에 들어갔다.
>
> 100일째 되던 날 새벽, 단에서 조금 떨어진 기슭에서 오색찬란한 무지개가 떴다. 그 무지개를 타고 봉황새가 하늘로 너울너울 날았다. 봉황이 떠가는 공중에서는 빛을 타고 아련한 무슨 소리를 들었다.
>
> 이성계가 정신을 차리고 들어보니 '새 나라를 열라'는 천지신명의 계시가 귓전을 스쳤다. 이성계는 정신을 가다듬고 무지개를 타고 봉황이 날아간 자리로 가 보았다. 그곳에는 풀숲으로 덮힌 옹달샘이 있었다. 이성계는 하늘의 계시를 들은 단 옆에 상이암을 지었다. 옹달샘물로 제수를 만들어 천제를 모셨다.
>
> 옹달샘에서 봉이 떴다하여 샘이름을 뜬봉샘이라 했다. 이 뜬봉샘이 금강의 발원지이다. 〈장수읍지, 전설 편〉

새 나라를 건국하기 전, 이성계가 전국의 명산을 주유하며 수련과 기도를 드렸다는 기록이 많이 전하고 있다.

당시에는 개국을 하기 위해서는 명산의 산신령과의 교감을 통해 계시를 얻어야 개국의 정당성을 얻는다는 믿음이 백성들에게 광범위하게 퍼져 있었기 때문이다. 또한 거사를 준비하기 전에 민심을 먼저 살피고자 하는 태조의 마음이 있었을 것이고 신(神)과의 교감을 통해 자신이 나아가야 할 방향을 결정하고자 하는 의도도 있었을 것이다.

이러한 자연 속에서 자신의 자아를 찾아가고자 했던 이성계의 수련에 대한 기록은 유독 전북지역에 많이 존재하고 있다.

장수, 임실, 진안, 부안, 무주, 완주 지역에서도 이성계가 무예에 정진했다는 설화가 전해지고 있다. 이는 실제로 황산대첩을 전후로 전북의 곳곳을 방문했던 이성계에 대한 역사적 사실과 그가 왕위에 오르기를 기대했던 태조 본향사람들의 기대심리가 설화와 전설로 전해 온 것으로 추정된다.

조선을 건국한 태조 이성계는 새 나라를 세우려는 과정에서 초자연적인 큰 힘을 얻고자 했을 것이다. 그 힘을 얻을 장소 중 한 곳이 바로 생명의 물이 샘솟는 뜬봉샘이었다. 이곳에서 영험한 기운을 받아 선국을 준비했다.

조선의 태조가 된 이후에도 관아로 하여금 신당과 상이암을 돌보라는 지시를 내려 현감이 직접 현지를 살폈다고 한다.

장수읍 용계마을

장수군은 산악지대가 80%에 달하고 지대가 높아서 땅이 메마르고 경지면적이 좁아 예로부터 호남지방에서도 가장 척박한 지방이었다. 지금은 고속도로가 사통팔달로 뚫려 서울에서도 자동차로 3시간이면 갈 수 있는 관광휴양지로 각광받고 있다.

장수읍 용계(龍溪)마을은 장수읍에서 산서로 가는 방향, 읍내에서 5㎞ 떨어진 곳에 위치한다.

이성계는 1380년 9월 경 남원 황산의 왜구들을 정벌하기 위해 개성에서 자신의 친병인 가별대 부대 2천 명과 고려 군사 3천을 모아 약 5천 명의 군사로 이곳을 지나게 된다. 아마도 이성계 군대는 개성에서 한양을 넘어 금산을 지나 이곳에 당도했을 것이다.

당시 고려 조정은 진포대첩에서 패전한 왜구들이 남원 황산에 모여 지리산으로 숨어 들어간다는 첩보를 입수하고 이성계 장군에게 이들

장수읍 용계마을

을 소탕할 것을 명령한다. 이들이 지리산에 숨어들어 장기전을 펼칠 경우 백성들의 피해도 더욱 커질 것이 염려되는 대목이다. 이럴 경우 왜구 소탕에도 큰 어려움을 겪게 될 것이다. 한시가 급한 촉급한 상황이었다.

금산을 넘어 용계리에 도착한 이성계 군대는 긴 행군

용계마을에서 남원 황산으로 가는 길. 이성계 장군도 이 길을 따라 남원으로 진격했다. 도중에 뜬봉샘으로 가는 길이 있다.

에 지친 나머지 이곳에서 잠시 휴식을 취하다 잠이 들게 된다.

왜군보다 먼저 황산에 도착하지 못하면 유리한 고지를 차지하지 못해 승리를 장담할 수 없었다. 다행히도 이성계 군사는 닭이 홰치는 소리에 잠에서 깨 황산으로 달려갔고 유리한 고지를 점령해 왜구를 크게 물리쳐 황산대첩을 거두게 된다.

19세기 금계도(金鷄圖).
닭은 용의 화신으로 전해지고 있다.
온양민속박물관 소장

용계리 주민들은 여전히 그날의 일화를 기억하며 후손들에게 그날의 긴박함과 마을에서 일어난 신비한 이야기를 전해 주고 있다.

이성계 장군이 남원 황산으로 왜구정벌에 나선다.
이성계 장군 일행은 남으로 진군도중 남원으로 가는 길목인 용계마을에 이르렀고 피곤한 발걸음에 지쳐 잠이 들고 말았다. 그러다 동네 닭들의 '꼬끼꼬' 하는 홰치는 소리에 깜짝 놀라 잠을 깼고, 급하게 왜구를 격퇴할 수 있는 길목인 황산벌 좁은목에 병사들을 매복시켰다. 그때서야 어둠사이로 첫닭 울음소리가 들렸다.

이성계 장군이 잠결에 들었던 닭울음소리는 왜구를 격퇴할 수 있는 시간을 벌 수 있도록 먼동이 트기 한참 앞서 울려 퍼진 '계시'였던 셈이다.

황산대첩을 승리로 거둔 이 장군은 귀향길에 용계마을에 들러 "용의 화신인 닭이 울어서 대승을 거둘 수 있었다"고 기뻐하며 마을이름을 '용계'(龍鷄)로 부르게 했다. 하지만 일제강점기에 일제는 전통문화를 말살하기 위해 '鷄'를 '溪'로 고쳐 부르게 하는 등 한때 수모를 당하기도 했다.

마을주민들은 이 같은 일화가 전설에 그치지 않고, 실제 있었던 마을의 자랑거리로 믿고 있나. 〈장수읍지, 진설 편〉

지금도 용계마을에서 임실 성수면을 넘어 남원으로 가는 도로가 잘 정비돼 있다.

개경에서 새로운 세상에 눈뜨다

태조실록에 따르면 고려 공민왕 5년(1356) 태조 나이 22살에 비로소 벼슬을 하였다고 기록하고 있다.

1356년 공민왕은 기철 일파를 숙청한 후 雙城摠管府를 탈환하기 위한 준비에 박차를 가했다. 이를 위해 동북면의 패자인 이자춘에게 후방에서 쌍성총관부를 공격할 것을 명령한다.

쌍성총관부는 전방에 나타난 고려군을 상대하느라 정신이 없는데 소리소문 없이 이자춘의 군대가 후방에서 나타나자 혼란에 빠졌다.

실록에는 부원배인 조소생과 탁도경이 자신의 처자까지 버리고 야음을 틈타 도주했다고 기록하고 있을 정도로 고려군의 압도적인 승리였다. 이로써 고려는 이자춘의 협력에 힘입어 고종 때 원 제국에게 상실한 쌍성총관부 일대를 99년 만에 수복하게 됐다.

공민왕은 매우 기뻐하며 이자춘을 대중대부 사복경으로 삼고 개경에 저택 한 채를 내주었다. 그의 증조부 이안사가 기녀들 등시고 떠난 지 약 흔 세기 만에 고려로 화려하게 귀환하게 된 것이었다. 이제 이자춘은 동북면의 유일한 패권자가 되었을 뿐만 아니라 왕이 직접 하사한 집에 사는 고려의 공신이 된 것이다.

이때 이성계 역시 아버지를 따라 쌍성총관부 수복전쟁에 참전했고 역사무대에 첫 데뷔를 하게 된다.

이성계는 중앙정계로 진출한 이자춘을 따라 개경에 5년간 머무르게 된다.

이때 이성계는 동북면에서 볼 수 없었던 새로운 세상을 개경에서 경험하게 된다. 동북면 일대에서 여진족, 몽골군 등과 뒤섞여 살았던 이성계는 개성에서 세련된 예법과 수준 높은 학문을 체험하게 된 것이다.

> 태조는 오른쪽 등자를 벗고 몸을 뒤집어 쳐서 이를 맞히고, 다시 쳐서 문밖으로 나가게 하니, 그 때 사람이 이를 횡방(橫防)이라 하였다.
> 온 나라 사람들이 몹시 놀라면서 전고(前古)에 듣지 못한 일이라 하였다. 〈태조실록 총서〉

청년 이성계는 공민왕이 개최한 격구대회에 참전하게 되는 데 빼어난 격구실력을 보여 이를 관람하던 개경 백성들에게 큰 인상을 남겼다고 전한다.

당시 개경에서 공민왕의 주최로 열린 활쏘기 시합에서 이성계가 백발백중의 활솜씨를 뽐냈다는 기록도 있다.

> 공민왕이 경대부(卿大夫)들로 하여금 과녁에 활을 쏘게 하고 친히 이를 구경하는데, 태조가 백 번 쏘아 백 번 다 맞히니 왕이 탄복하면서 말하기를 "오늘날의 활쏘기는 다만 이성계 한 사람뿐이다"하였다. 〈태조실록 1권〉

그러나 청년 이성계의 개경생활은 자신의 무예실력만이 모든 것이 아니라는 것을 깨닫게 되는 순간이기도 했다. 자신의 무예실력을 뛰어 넘는 더큰 학문의 세상을 본 것이다.

동북면에서 이성계의 신기에 가까운 기마술이나 궁술은 많은 찬사를 받았지만 개경에서는 그저 변방의 촌뜨기 무장의 '뛰어난 재주'에 불과했던 것이다.

이를 깨달은 순간부터 자신의 솜씨를 뽐내기 보다는 상대방의

고려시대 최고 인기 스포츠인 격구 모습

재주에 자신의 실력을 맞추어 주는 겸손을 보이게 된다. 자신의 실력을 타인 앞에서 겸손으로 보여주는 '겸양지덕(謙讓之德)'의 예를 배운 것이다.

> 태조가 열 번 쏘아 열 번 다 맞히니, 왕이 칭찬하며 감탄하였다. 태조는 항상 겸손(謙遜)으로 자처(自處)하면서 다른 사람보다 윗자리에 있고자 아니하여, 매양 과녁에 활을 쏠 때마다 다만 그 상대자의 잘하고 못함과 맞힌 살의 많고 적은 것을 보아서, 겨우 상대자와 서로 비능하게 할 뿐이고, 이기고 시고 한 것이 없으니, 사람들이 비록 구경하기를 원하여 권하는 사람이 있더라도 또한 살 한 개만 더 맞히는 데 불과할 뿐이었다. 〈태조실록 1권〉

겸손을 터득한 이성계는 활쏘기 대회가 있어도 상대방 보다 조금 이기거나 비기는 정도로 승부를 겨루었다는 대목이다.

이성계는 개경 생활을 통해 겸손하고 자신을 낮추는 자세를 배우게 된다. 그리고 이 덕목은 그가 조선을 개국하는 과정에서도 초지일관 이어나가게 된다.

불세출의 신궁(神宮) 이성계

우리 역사상 가장 유명한 명궁은 다름 아닌 조선의 태조 이성계다. '고려사' '조선왕조실록' '용비어천가' 등 여말선초 시대를 다룬 각종 역사서에는 이성계의 전설적인 활솜씨에 대한 일화가 수도 없이 실려 있다.

태조실록 1권에서는 어릴 때의 활솜씨를 이렇게 묘사하고 있다.

> 태조가 젊었을 때 정안공주 김 씨의 집 담모퉁이에 까치 다섯 마리가 있었다. 태조가 한 발을 쏘니 5마리가 모두 떨어졌다. 김 씨가 이를 괴이하게 여기니 태조는 '절대 발설하지 마라'고 했다. 〈태조실록 1권〉

이성계는 화살대로 싸리나무를 썼고, 화살 깃은 학의 깃털을 달았다. 촉은 순록의 뿔로 만들었는데 크기가 커서 힘이 엄청났다고 한다.

태조 이성계는 자신의 실력을 키우기 위해 활쏘기, 말타기, 칼싸움 등 무예를 연마하기 위한 많은 노력을 기울였다. 또한 명산대찰을 찾아다니며 자기 수련에 매진했다. 변산반도 국립공원에는 이성계가 무예를 수련했다고 전해지는 선계폭포(성계폭포)가 있다.

완주 태조암에도 이성계가 수련을 했다는 설화가 전한다. 무주 덕유산에서는 산신령들에게 "다음 나라를 세울 사람은 이성계다"는 이야기를 들었다고 전한다.

태조 이성계는 무공연마를 통해 무장으로서 자신의 실력을 키웠기 때문에 셀프리더십이 가능했다.

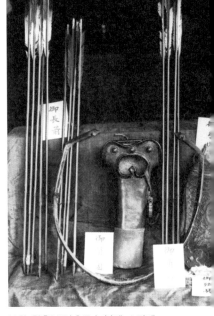

북한 함흥본궁(咸興本宮)에 소장돼 있는 어궁구(御弓具). 태조 이성계가 실제 사용했던 활로 알려지고 있다.

어느 사람이 고(告)하기를, "큰 범[虎]이 아무 숲속에 있습니다." 하니, 태조는 활과 화살을 쥐고, 또 화살 한 개는 허리 사이에 꽂고 가서 숲 뒤의 고개에 오르고, 사람을 시켜 아래에서 몰이하게 하였다. 태조가 갑자기 보니, 범이 자기 곁에 있는데 매우 가까운지라. 즉시 말을 달려서 피하였다. 범이 태조를 쫓아와서 말 궁둥이에 올라 움켜채려고 하므로, 태조가 오른손으로 휘둘러 이를 치니, 범은 고개를 쳐들고 거꾸러져 일어나지 못하는지라, 태조가 말을 돌이켜서 이를 쏘아 죽였다. 〈태조실록 1권〉

이 기록을 보아 이성계는 말타기에도 능했던 것으로 보인다. 또한 범이 달려들어도 오른손으로 쳐낼 정도로 대범하기까지 했다. 위태로운 순간에서도 긴장하지 않고 상대를 제압하는 기개를 사냥을 통해 배운 것이다.

이러한 이성계의 비범한 무예실력은 전쟁터에서 빛을 발하게 된다.

고려 공민왕 19년(1371) 장군이었던 이성계는 1만5천 명의 병력을 동원 압록강을 건너 원나라의 오녀산성을 공격했다.

오녀산성에 포진한 원나라 군대는 성문을 닫아걸고 저항했다. 하지만 이성계가 70발의 화살을 쏘아 원나라 병사들의 얼굴을 모두 명중시키자 원나라 군대는 성을 버리고 도주해 버렸다고 한다.

이성계가 남원 황산전투에서 화살로 왜구의 수괴 아지발도의 투구를 벗겨 버린 것도 유명한 일화다.

왜군의 핵심 장군이었던 아지발도를 화살로 제압함으로써 고려군의 사기를 높였고 전쟁을 승리로 이끈 것이다.

이성계가 전쟁에서 승승장구할 수 있었던 가장 큰 요인은 활쏘기 실력 때문이다. 활쏘기에서는 당시 동아시아의 으뜸이었다.

이성계의 활 실력에 관한 일화들 몇 개를 소개하면 아래와 같다.

『이성계가 활을 들어 쏘자 나하추 바로 옆에 있던 장수 하나가 맞아 거꾸러졌다. 또 이성계는 연달아 활을 쏘아 나하추가 타고 있던 말을 맞추었다.
나하추는 낙마를 당하자 간담이 서늘함을 넘어서 정신이 혼미해졌다. 이성계는 다시 활을 들어 나하추가 탄 말을 쏴 죽이니 나하추는 그날 하루 동안에 총 3번이나 낙마를 당한 셈이었다.』

『그는 왜구와의 격전을 앞두고 150보 떨어진 곳에서 투구를 놓아두고 세번 쏴 세번 다 맞추어 군사들의 사기를 높였다. 또한 가지고 있던 화살 20개중 17개를 쏘아 모두 맞추었는데 모두 왼쪽 눈초리에 명중했다고 한다.』

『태조가 일찍이 친한 친구를 많이 모아 술을 준비하고 과녁에 활을 쏘는데 배나무가 백 보(步)밖에 서 있고, 나무 위에는 열매 수십 개가 서로 포개어 죽 늘어져 서 있었다. 여러 손님들이 태조에게 이를 쏘기를 청하므로 한 번 쏘니 다 떨어졌다. 가져와서 손님을 접대하니 여러 손님들이 탄복하면서 술잔을 들어 서로 하례(賀禮)하였다.』

개국공신인 농부출신 김인찬, 한충과 활쏨씨에 얽힌 일화도 있다.

이성계가 행군하던 중 비둘기 두 마리를 보고 장난삼아 쏘아 한 화살로 둘을 다 꿰었다. 근저에 있던 농부 둘이 나가와서 밀했다.

"도령, 활쏨씨가 대단하오."

이에 이성계는 "허허허, 도령 소리 들을 나이는 좀 지났는데(이때 나이가 48세) 이 비둘기는 선물로 드릴테니 잘 구워 드시오."

이 순박한 농부들은 답례를 하고 싶었다. 도시락으로 싸온 자신들의 조밥을 들고 와 받아달라고 했다.

이성계는 농부들의 성의를 무시하지 않으려고 거친 조밥을 한 입에 털어 맛나게 먹어 치웠다.

활쏨씨만 뛰어난 것이 아니라 인간적으로도 매력이 느껴지는 스타일이었다. 이성계의 인간미가 넘치는 대인관계를 잘 보여주고 있다. 농부들은 곧바로 이성계를 따라 나섰다. 이들은 후에 이성계의 호위대장이 되었고, 마침내 개국공신에까지 오르게 된다.

포용의 리더십

이성계는 자신의 실력을 믿고 타인을 배척하는 스타일이 아니었다.

오히려 포용력을 발휘해 인재를 널리 등용했다. 특히 전쟁에서는 비록 상대방 장수일지라도 뛰어난 실력을 갖추고 있으면 휘하의 장수로 두고 싶어 했다.

황산에서 왜구 장수 아지발도 마저 죽이지 않고 생포해 자신의 부하로 삼고자 했다.

당시 한반도 이북은 고려인 뿐 만 아니라 여진족, 거란족, 몽골족 등 수많은 종족들이 함께 살아가고 있었다. 이곳에서 어린 시절을 보냈던 만큼 다른 종족에 대한 배타심이 적었다. 여러 민족에 대해 포용적 정책을 펼쳤다.

그 대표적 인물이 여진족인 이지란과 처명 장군이다.

홍만종의 『순오지』에 따르면, 이지란이 어려서부터 태조 이성계와 친분이 많았던 것으로 나온다.

이지란 초상화. 경기도박물관 소장.

"이지란이 이성계의 명성을 듣고 하루는 그를 죽이려고 그가 뒷간에 들어 간 사이 뒤에서 그를 향해 화살을 날렸다. 연거푸 화살을 날린 후 이성계가 죽었을 것이라고 짐작하고 다가갔더니 이성계가 뒷간에서 화살을 움켜쥔 채 나오고 있었다.

이를 본 이지란이 이성계의 무공을 못 당하겠다고 생각하고 엎드렸는데 이성계는 오히려 이지란의 손을 잡아 일으켰다."

함경도 북청에서 태어난 부족장의 아들 이지란이 같은 만주지역에서 만 호장 집안의 이성계 가문을 모를리는 없었을 것이다. 그래서 그도 고려에 귀화한 뒤 줄곧 이성계와 함께 활동한 것으로 나타난다.

그의 본명은 쿠룬투란 티무르(그래서 본명을 퉁두란이라고도 한다)이고 원나라에서 벼슬을 하다가 공민왕 때 휘하 군사를 이끌고 고려에 귀화했다.

이성계와 의형제를 맺으며 수많은 전투에서 이성계와 함께 생사고락을 함께했다.

이지란은 여진족이다. 그럼에도 그는 고려말에서 조선 초기에 걸쳐 태조 이성계를 도와 오랑캐와 왜적들을 격퇴시켰다. 이성계 없는 이지란은 없고, 이지란 없는 이성계가 없다는 말이 나돌았을 만큼 그는 조선건국에 절대적 인 공로자였다.

이성계의 아들 방원은 정몽주가 가장 큰 걸림돌이라 판단하고 이지란에 게 정몽주 제거를 청했으나 이지란은 "충신을 죽일 수 없다"고 거절했다. 아무리 섬기는 장수의 아들이라 할지라도 옳은 일이 아니면 같이 할 수 없 다는 것이 이지란의 생각이었다.

이처럼 그는 자신이 옳다고 생각하는 일이 아니면 절대로 힘을 보태지 않 는 올곧은 의리가 있었다.

훗날 이방원이 깊이 개입한 왕자의 난이 일어났을 때도 이지란은 어느 쪽 편도 들지 않았다.

이지란을 끌어들이면 절대적으로 유리해진다는 것이 당시 왕자들의 생각이었으나 적을 쳐부수는 일이 아니고 골육상쟁하는 일이므로 자신이 어느한쪽 편을 들 수 없다는 것이 이지란의 생각이었다.

천하의 실권을 잡았던 이방원(태종)도 그의 의기를 높이 사서 감히 손대지 않았다.

그는 귀화 이후 자신의 출신인 여진족에 대한 정책을 수립하는 데 큰 도움을 주었다. 여진인과 조선인의 결혼을 허락하도록 했으며 세금을 바치는 문제도 조선인과 여진인에 차별을 두지 않도록 배려했다. 하늘높이 출세한 그였지만 출신을 결코 잊지 않고 동족을 돌봤던 것이다.

왕자의 난 이후 그는 아예 정치에서 손을 떼고 고향으로 돌아가 집에 홰나무를 심고 우물을 파는 등 여생을 조용히 지내다 세상을 떠났다.

현재 이지란을 시조로 하는 청해 이씨는 국내에 1만4천여 명 정도로 추산되고 있다.

여진족 처명(處明)을 사로잡아 자신의 부하로 만든 일화도 유명하다.

동녕부의 오녀산성을 점령한 후 요동성 전투에서 처명이라는 적장에게 항복권유를 하였는데 단칼에 거절당하자 이성계는 활을 들어 처명의 투구를 날려버렸고 두번째 권유에도 거절하자 처명의 허벅다리를 맞춰버렸다. 결국 처명이 말에서 내려 머리를 조아리며 이성계에게 충성을 맹세했다.

이는 마치 삼국지의 제갈공명이 남만의 오랑캐인 맹획을 7번이나 풀어주었다가 자신의 부하로 만든 일화를 연상케 한다.

이렇게 이성계 휘하의 장수가 된 처명은 죽을 때 까지 이성계를 전장에서 모셨다. 황산대첩에서 죽을 고비를 맞은 이성계를 위기에서 구해내기도 했다. 만약 처명을 자신의 부하로 삼지 않고 죽였더라면 이성계의 목숨도 위험할 뻔 한 순간이었다.

이처럼 이성계는 민족과 신분을 뛰어넘는 용인술을 통해 자신의 군대를 강화시켜 나갔다.

이성계는 자기 실력만 믿는 우물안 개구리를 넘어 포용력을 통해 동북아시아 최대의 군대를 만들어 나갔다.

중원정복을 품에 안은 이성계의 '꿈'

태조 이성계 어진행렬

　태조 이성계의 칼인 전어도(傳御刀)에 대한 전설이 전한다. 이 전설은 중원을 정복하고자 했던 이성계의 포부를 읽을 수 있다.

　청년 이성계는 어느 날 무학대사의 스승인 나옹선사로부터 왕이 날 못자리 이야기를 듣고 이를 부친에게 알린 후 조상의 묘를 이장한다. 그리고 그곳에서 '칼자루는 용머리이고 금빛으로 찬란히 빛나는 칼'을 발견한다. 바로 전어도인 것이다.

태조 이성계의 칼, 전어도. 국립고궁박물관 소장

칼을 받은 이성계는 꿈에 괴인이 나오자 이를 이상하게 여기고 못자리를 지키기 위해 나섰는데 3일째 되는 날 9척 장신의 털북숭이 괴인이 나타나 "천자의 못자리를 능멸한 죄인을 처단하겠다"며 이성계에게 달려 들었다.

무학대사에게 괴인을 처단할 해법을 들은 바 "오얏나무 화살로 미간을 맞추면 쓰러질 것이며 못자리 근처에서 죽이지 말라"고 했다.

이에 이성계가 오얏나무 화살로 이마를 맞추니 괴물이 쓰러졌고 칼로 목을 베려했으나 오히려 칼이 부러졌다. 다급해진 이성계는 전어도로 괴물의 목을 치니 피가 분수처럼 솟구쳐 못자리 일대를 다 적시었다.

이 때 나옹선사가 그것을 보고 말하길 "천자의 못자리에 괴이한 피를 묻혀 훼하였으니 이제 왕의지지가 되었다"고 말했다.

야사에 따르면 원래 이성계는 중원을 통일해 천자가 될 상이었는데 못자리에서 털북숭이 괴인을 죽이고 그 피가 천자지지를 훼손하는 바람에 이성계가 세운 조선은 천자국이 되지 못하고, 그보다 낮은 왕후국이 되었다고 한다.

이 전설에 등장하는 나옹선사는 '창산은 나를 보고'라는 시조로 우리에게 잘 알려져 있다.

청산은 나를 보고 말없이 살라하고 靑山兮要我以無語

창공은 나를 보고 티없이 살라하네. 蒼空兮要我以無垢

사랑도 벗어놓고 미움도 벗어놓고 聊無愛而無憎兮

물같이 바람같이 살다가 가라하네. 如水如風而終我

한국불교 큰 스승 나옹선사

나옹선사

나옹선사(懶翁禪師,1320-1376)의 휘는 혜근(慧勤)이고 호는 나옹(懶翁)이며 본 이름은 원혜(元慧)이다.

고려 말기의 고승으로 공민왕의 왕사였으며 인도의 고승 지공스님의 제자이고 조선 건국에 기여한 무학대사의 스승이다.

출생에 얽힌 전설이 있다. 경북 영덕군 창수면 가산리에 까치소라는 개울이 있다. 그의 어머니가 까치소 앞에서 관원에 끌려가다가 아이를 낳았는데, 낳은 아이를 개울가에 그대로 둔 채 관청에 끌려갔다. 사또가 옷자락에 묻은 피를 보고 이상하게 여겨서 연유를 물어보니 출산한 아이를 그대로 두고 왔다는 것을 알았다.

사또의 엄명에 따라 그 곳에 돌아가 보니 아이는 죽지 않고, 수백 마리의 까치들이 애기를 보호하고 있었다. 그 아이가 자라서 나옹대사라는 큰 인물이 되었다는 전설이다.

그는 원나라 유학을 헸고 인도의 지공스님이 제자로서 인도 불교를 한국불교로 승화시킨 역사적 인물이다.

고려 공민왕 때 건물인 장륙사 건물 내벽에 그의 초상화가 남아있고 그가 입적한 여주 신륵사에도 사리를 봉안한 부도와 비문이 남아있다.

실제로 이성계는 중원 정복의 꿈을 품고 세번째 요동정벌을 추진하게 된다. 태조는 재위 6년(1397)12월 정도전과 이지란에게 북벌을 명하고 이들은 압록강 건너 북진을 위한 체제를 갖추고, 이와 함께 변방에 성을 쌓았다. 또한 왕자들과 공신들의 사병을 혁파해 중앙군으로 편제했다.

이성계는 고구려 동명왕의 옛 강토를 회복하는 일이 자신에게 주어진 마지막 과업(課業)이라고 생각했다.

파란만장했던 인생의 대미를 중원 정벌로 장식하려 한 것이다. 모든 군관이 요동정벌을 위한 진법을 익힘으로써 북벌 준비는 끝난 셈이었다.

쑥 더위 잡고 푸른 산 올라 (引手攀蘿上碧峯)
암자 하나 높이 하얀 구름 가운데 누웠네 (一庵高臥白雲中)
눈에 보이는 것을 모두 내 땅으로 한다면 (若將眼界爲吾土)
초나라 월나라 강남인들 어찌 사양하랴 (楚越江南豈不容)

초나라, 월나라, 강남은 모두 중국 양자강 남쪽 지역이다.

중원까지 정복하겠다는 야심이 드러나는 글이다. 이성계가 직접 지은 '중원정벌을 왜 사양하겠느냐'는 내용의 호방한 시이다.

그러나 그의 꿈은 자신의 아들의 반란으로 좌절되고 말았다.

다섯째 아들인 방원(태종)의 반란으로 북진정책은 수포로 돌아갔다. 방원의 반역으로 중원의 황제가 되겠다는 이성계의 꿈은 좌절됐다.

그 후 조선은 제후국에서 벗어나지 못했다.

전설은 실화가 됐다.

시대별 리더십 이론의 변화

20세기 이후 다양한 기업 조직이 나타나면서 리더십에 관한 연구도 활발히 진행됐다.

리더십 이론은 전통적인 특성 이론, 행동 이론, 상황 이론 이후에 변혁적 리더십을 기점으로 서번트 리더십, 셀프 리더십, 윤리적 리더십, 카리스마 리더십 등이 등장하고 있다.

1940년대 : 특성 이론

특성이론은 신체, 지능, 책임감, 교육 수준 등 리더의 유능한 자질 즉 리더의 개인적 특성이 효과적인 리너십과 권련이 있다고 보는 견해다. 리더는 외모, 성격 등 모든 면에서 타고나는 것이며 리더의 특성을 가진 사람은 효과적인 리더가 될 수 있다는 이론이다.

1950년 후반 : 행동 이론

리더의 행동이 조직의 성과와 얼마나 관련이 있는지를 제시한 이론으로 성공한 리더의 행동 유형을 규명하려 했다. 즉, 리더가 어떠한 행동을 보여 주는가에 따라 리더십의 효과가 결정된다는 이론이다.

1970년대 : 상황 이론

리더는 처해진 상황에 맞게 가장 적합한 리더십을 발휘해야 한다는 이론이다. 유사한 특성과 자질을 지닌 리더라도 처해진 상황에 따라 결과가 달라질 수 있기 때문이다. 리더십은 조직 구성원의 속성, 조직의 문화, 일의 성질 등에 따라 달라진다는 것이다.

1990년대 : 변혁적 이론

현재와 같이 경영 환경의 변화가 심한 상황에서는 조직이 끊임없이 변화해야 하며 리더는 조직 구성원이 조직 목표 달성을 위해 노력하도록 의식이나 행동을 바꿀 수 있는 능력을 갖추어야 한다는 것이다.

현재 : 다양한 현대의 리더십

섬기는 리더로 대표되는 서번트 리더십과 스스로 자신을 리드하여 참된 자신의 리더가 되는 것을 실현하는 셀프 리더십, 타인의 절대적 가치에 개인차가 있음을 인정하고 수용적인 자세를 가지는 윤리적 리더십, 자신의 내면을 깊이 성찰하고 부하의 감성이나 니즈를 이해하는 감성 리더십 등이 있다.

이성계 용모에 대한 기록

　조선의 실록 편찬자들은 이성계를 신화적인 인물로 다룸으로써 그의 탁월한 능력이 창업을 달성했다는 논리를 이끌어 내고 싶어 했다. 또 조선왕조의 건국이 당연하다는 정통성을 확보할 수 있기 때문이다.

　이를 위해 이성계는 '용의 얼굴에 코가 높은 보통 사람보다 뛰어나게 훌륭한 존재이며(동각잡기), 우뚝하게 곧은 큰 키와 귀를 가진(용비어천가)' 특출한 인물로 묘사되고 있다.

　더불어 '엄격한 채, 말 수가 적고 몸가짐이 진득해 평소 늘 눈을 감고 앉아있어 바라보기 겁이 났지만 사람을 대하게 되면 온화했기에 모두들 두려워하면서도 사랑했다'(용비어천가)는 미사여구로 성품마저도 극찬했다.

　비범한 외모와 성품을 지닌 이성계가 발휘하는 힘 역시 가공할 만하다.

경기도 구리시에 조성돼 있는 태조 이성계의 묘 '건원릉' 모습. 사진제공 문화재청

함흥에서 커다란 황소 두 마리가 싸움이 붙었는데 여러 사람들이 달려들어 말려봤지만 역부족이었다. 돌멩이를 던지고 불을 붙여 위협도 했지만 소용이 없었다. 그러자 이성계가 나서 '양 손으로 두 소를 하나씩 잡으니 더는 싸우지 못했다'(동각잡기)고 한다.

1335년에 태어난 이성계는 한반도에 조선건국(1392년)이라는 역사석 큰 획을 그었다. 패전을 모르는 맹장에서 한 나라를 세우고 왕이 되는 파란만장한 삶을 산 이성계는 현대를 살아가는 우리에게 수많은 리더십을 보여주고 있다.

그는 자식들의 다툼으로 불행한 말년을 보내다 74세의 나이인 1408년(태종 8) 5월 24일에 죽었다. 시호는 강헌지인계운성문신무대왕(康獻至仁啓運聖文神武大王)이며, 묘호는 태조이다. 능은 경기도 구리시에 있는 건원릉(健元陵)이다.

CHAPTER 2

전북에 스민
이성계의 숨결을 찾아서

전 주

조선의 모태(母胎)가 된 전주한옥마을

조선의 아침, 전주한옥마을

전주한옥마을은 9만여 평 구역 안에 800여 채의 기와집이 모여 있는 국내 최대 규모의 한옥집단마을이다.

2010년 이후 한옥마을 관광객들이 폭발적으로 증가했고 최근에는 한 해 천만 명이 다녀가는 대한민국 대표 '핫플레이스'(Hot place)로 자리 잡아가고 있다.

현재의 전주한옥마을은 1911년부터 조성되기 시작했다.

당시 일제는 호남평야의 쌀을 수탈해 가야 했다. 전주에서 군산항까지 중심 도로를 내기 위해 전주성곽의 서쪽을 헐었다. 이때 개설된 도로가 봄이 되면 벚꽃길로 유명한 '전군가도'이다.

호남 일대에서 생산되는 쌀을 군산항으로, 그리고 일본 본토로 원활하게 수송하기 위해서였다. 급기야 풍남문을 제외하고 동문, 서문, 북문을 모두 헐었다.

저항하던 선비들, 한옥마을에 터를 잡다

쌀의 수탈이 진행되는 동안 전라도 농민들의 신분과 처지는 급속히 나락으로 떨어져 갔지만 상대적으로 호남에 거주하는 일본인들은 승승장구했다. 특히 일본인 상인들은 이 과정에 얻는 경제력을 바탕으로 허물어진 성곽 안으로 들어와 일본식으로 집을 짓고 상권을 형성하여 세를 불리기 시작했다.

전주한옥마을 전경

조선왕조의 정신적 본향인 전주에 일본인들이 물밀 듯 들어왔고 1930년을 전후로 일본인의 세력확장은 절정에 달했다. 일인들의 세력 확장에 대한 반발로 전주사람들은 교동과 풍남동 일대에 한옥촌을 형성하기 시작했다.

이 무렵 일제에 저항하던 선비들이 한옥마을 터에 하나둘 모여들어 기와 지붕을 얹기 시작했다.

이곳은 조선 태조의 어진(御眞)을 모신 경기전이 버티고 있는 지역이며, 전주향교가 위치한 곳이기 때문이었다.

1900년 초 부호들의 신식동네

전주사람들의 신흥주택가로 부상한 한옥마을은 30년대만 해도 농업을 기반으로 하는 부자들의 신식동네였다. 70년대까지 일 년에 1만 석을 거둬들이는 부호들이 살았다고 한다.

건축양식도 새롭게 변했다. 한옥에 쓰이지 않던 유리문을 해달기도 했다. 주방과 화장실도 쓰기 편하게 지어졌다.

당시로서는 최신식의 주거 형태였던 셈이다. 해방이 되면서 한옥마을은 전주의 대표적인 부촌이요, 인구밀집 지역이 됐다.

전주한옥마을이 현재의 모습을 간직하고 있는 것은 주민들의 고통과 희생의 값진 결과물이기도 하다.

故 박정희 前 대통령, 한옥보존지구 지정

한옥마을이 보존의 굴레를 쓴 것은 지난 1977년 당시 한옥마을 뒤편에 있는 −현재의 기린로는 전주에서 남원으로 이어지는 전라선 철길이었는데− 철도편을 이용해 이곳을 지나던 박정희 대통령이 열차 속에서 한옥마을을 내려다보고 "저렇게 좋은 곳은 보존하는 게 좋겠다"는 의견을 내자 한옥보존지구로 지정됐다고 한다.

하지만 보존지구로 지정되면서 주민들의 어려움도 시작됐다.

오목대 올라가는 입구에 세워진 한옥마을 표지석

한옥의 형태를 변경하는 일은 일절 금지돼 비가 줄줄 새도 지붕 하나 마음대로 고칠 수 없었다. 그때만 해도 제대로 된 도시계획이나 재정적인 뒷받침 없어 그저 한옥을 보존하겠다는 일념아래 행정편의주의로만 일관됐다.

관광객 1천만 명 넘어선 대한민국 대표 관광지

전주한옥마을이 관광지로 부상하게 된 것은 2002년 전주월드컵이 치러

한옥마을 은행로 정자야경

한옥마을 태조로 쉼터

지면서이다.

전주시는 전주월드컵을 관람하기 위해 전주를 찾은 관광객들을 위해 전주한옥마을을 관광지로 개발하기 시작했다.

이때부터 전주시는 태조로 등 전통문화거리를 조성하고 전주한옥생활체험관, 전통문화센터, 공예품전시관 등 전통문화시설을 갖추게 된다. 800여 채의 전통한옥이 입소문을 타면서 한옥마을에 관광객들이 몰려들기 시작했고 2008년을 기점으로 대규모 인파가 찾아와 원주민들은 물론 전주사람들도 깜짝 놀라게 된다.

경사스런 터에 지은 '경기전(慶基殿)'

'경사스러운 터에 지은 궁궐'이 라는 뜻을 지닌 경기전은 조선이 건국되자 왕권의 권위를 만방에 떨치기 위해 세워졌다. 이를 위해 나라를 처음 세운 임금의 초상화를 모셨다. 새로운 왕조가 태어난 경사스러운 터라는 뜻을 가지고 있다.

태종 10년(1410년), 조선 태조 이성계의 어진(御眞, 임금의 초상화)을 보관하기 위한 목적으로 창건됐다. 태조어진은 국보 317호로 지정돼 있다. 이곳의 태조어진은 1872년 서울 영희전의 영정을 초상화의 대가인 운계 조중묵이 모사한 것으로 현존하는 유일한 태조 어진이다.

조선시대 이성계의 어진을 모신 태조진전(眞殿, 왕의 초상화를 모시는 곳)은 당시 조선 팔도 중 다섯 곳에 세웠다. 왕실의 본향인 전주, 태조가 태어난 영흥, 태조의 구택(舊宅)이자 고려수도였던 개성, 고구려의 수도였던 평양, 신라의 수도였던 경주에 세웠다.

어진을 모신 진전을 세워 백성들에게 오랫동안 국가의 시조(始祖)를 잊지 않고 경모하게 하는 한편 옛 왕조의 도읍에 진전을 건립하여 그곳 백성들의 소외감을 지지로 이끌어 내려는 정치적 의도도 있었다.

태조어진의 보관이 순탄한 것만은 아니었다.

경기전 정전 입구

　선조 30년(1597년) 정유재란이 발발하면서 왜군에 의해 경기전이 처참하게 불에 타고 말았다. 다행히 어진이라도 사전에 옮길 수 있어서 천만다행이었다.

　경기전이 불에 타자 태조의 영정은 정읍-아산-강화-묘향산 등지로 떠돌이 생활을 하게 된다. 그러다 광해군 6년(1614년) 가을에 관찰사 이경진이 경기전을 다시 짓고 어진을 비로소 모셨다.

　경기전이 결정적으로 훼손된 것은 일제강점기 때다. 일본인은 경기전의 서쪽 반절을 드러내고 그곳에 일본인 전용 소학교를 세웠다.

　해방 이후 중앙초를 인근으로 옮기고 수년간에 걸려 옛 경기전을 복원하는 작업을 진행했고 오늘에 이르고 있다.

　경기전은 '명성황후', '용의 눈물', '

경기전 내부 모습. 멀찍이 전동성당이 보인다

궁' 등 드라마 촬영 장소로도 잘 알려져 있으며 매년 음력 9월9일에는 조경묘·경기전에서 중양대제가 열리는데 전국에서 2천여 명의 종친과 관계자들이 참석한다.

조경묘 (肇慶廟)

경기전 조경묘

경기전 내 북쪽에 위치한 조경묘는 전주이씨 시조인 이 한(李翰)과 시조비 경주 김씨의 위패를 봉안한 곳으로, 1973년 지방유형문화재 제16호로 지정됐다.

이한은 태조의 21대조로서 신라시대 사공(司空)을 지냈으며 경주 김씨는 신라 태종 무열왕 10세손 딸이다.

조경묘는 조선 왕조의 시조를 모신 장소답지 않게 규모는 작지만 홍살문, 외삼문, 내삼문이 있고, 내부에는 신이 오가는 신도(神道)와 향로가 놓여 있는 등 왕실의 법도를 따르고 있다.

조경묘가 탄생된 배경은 이렇다.

이득리 등 7도 유생들이 "중국의 경우 하(夏), 은(殷), 주(周) 세 나라가 모두 국조(國祖)에게 제사를 지내는데 조선왕조만이 시조인 사공공(司空公)에게 제사를 지내지 않는 것은 법도에 크게 어긋나는 것이다"고 영조에게 상소를 올렸다.

이에 조정에서는 즉시 조경묘 건립에 착수해 1771년(영조 47년)에 완공됐다. 영조는 시조와 시조비의 위패를 만들어 친필로 신위를 쓰고 제사를 모신 다음 그 위패를 전주로 내려보내 묘우(廟宇, 신위를 모신 집)에 봉안케 했다.

하마비 (下馬碑)

경기전 앞 조선시대 종묘 및 궐문 앞에 세워놓은 석비. 말을 타고 이곳을 지나는 사람은 여기서 내려야 한다는 글.

경기전 앞에는 '하마비(下馬碑)'가

경기전 앞에 위치한 하마비

있다. 암수 두 마리의 돌 사자상이 비석을 받치고 있는데, 지방에서는 쉽게 볼 수 없는 것으로 흰 대리석 돌기둥에 새겨진 두 행(行) 열 자(子)로 이루어져 있다.

> 이곳에 이르렀거든 모두 말에서 내리라(至此皆下馬)
> 잡인들은 출입할 수 없다.(雜人毋得入)

비석의 글귀는 임금의 어진이 모셔진 신성한 곳이니 이곳에 이르는 자는 지위의 높고 낮음의 신분의 귀천을 떠나 모두 말에서 내리고 잡인들은 애초 출입을 금한다는 뜻이다.

언뜻 보면 이 두 마리 돌짐승이 해태상처럼 보이지만 실은 사자다. 입을 벌리고 있는 사자는 숫놈이고, 입을 다물고 있는 사자는 암놈이다. 암수 사자 한 쌍이 음양의 조화를 이루면서 경기전을 지키고 있는 것이다.

이성계가 대풍가를 부른 '오목대'

오목대는 이성계가 '대풍가'를 부른 곳으로 유명하다.

오목요대(梧木瑤臺)는 '오목대의 아름다운 모습'을 말한다. 요대(瑤臺)는 아름다울 요(瑤), 물건을 얹는 대(臺)로 '옥으로 장식한 아름다운 누대'를 의미한다.

밤에 본 오목대 모습

오목대는 1380년(고려우왕6)에 남원의 황산에서 왜구를 물리치고 돌아가던 이성계 장군이 이곳에서 승전 잔치를 베푼 곳이다.

조선 왕조를 개국하고 나서 여기에 정자를 짓고 이름을 오목대(梧木臺)라 했다. 이곳에 오동나무가 많았기에 언덕의 이름을 오목대라고 불렀다는 설이 있다.

현재의 누각은 1988년 전주시민의 뜻을 모아 육종진 전주시장이 세웠다.

조선왕조의 모태와 같은 상징물의 누각이다. 이곳의 현판은 석전(石田) 황욱(黃旭)이 썼다.

전주이씨들이 살았던 '자만마을'

지금은 기린대로로 오목대와 이목대가 나누어져 있지만 원래는 '자만동'으로 같은 동네이다.

1930년대 전라선 철도가 지나가면서 맥이 끊어졌고 철로가 옮겨간 이후

이성계의 신조들이 살았던 자만마을은 현재 벽화마을로 변신해 관광객들의 인기를 끌고 있다

기린대로가 생겼다.

자만동은 전주이씨가 자리를 잡고 살았던 곳으로 유명하다. 특히 태조 이성계의 4대조인 목조 이안사가 살았던 곳으로 잘 알려져 있다.

고종이 친필로 쓴 '목조대왕 구거유지'(穆祖大王舊居遺趾)라는 비각이 서 있다. "목조대왕이 전에 살았던 터"라는 뜻이다.

지금은 산비탈에 옹기종기 집들이 모여 있으며 비각이 집들에 에워싸여 있다.

이안사와 얽힌 재미난 일화가 전하고 있다.

어린 시절 이안사는 아이들과 함께 전쟁놀이를 하면서 놀고 있었다. 그런데 갑자기 호랑이가 나타났고 아이들은 이안사를 호랑이에게로 떠밀었다. 이안사와 마주친 호랑이는 겁을 내고 도망쳤고 이때 갑자기 섬광과 귀를 찢는 굉음이 들렸다. 이안사가 뒤를 돌아보니 아이들이 있던 동굴은 벼락을 맞아 온데간데 없어졌고 호랑이도 사라지고 없었다. 이 일로 인해 이안사는 성내 아이를 죽인 자라고 하여 주민들의 원성을 샀고 그 뒤에도 전주 목사와 사이가 나빠져 전주를 떠나는 원인이 됐다고 전해진다.

벽화가 아름다운 산동네 '자만벽화마을'(滋滿洞)

한옥마을의 인기에 힘입어 대표 관광지로 유명세를 치르고 있다.

2013년 마을에 벽화가 그려지면서 '벽화마을'로 널리 알려져 탐방 코스로 호응을 얻고 있다.

승암산과 기린봉이 새끼 친 높고 낮은 산 봉우리를 가리켜 오목대, 이목대, 발산 등이라 불렀고, 이들을 둘러싼 골짜기를 자만동(滋滿洞)이라고 했다.

자만동 금표

그 이름은 '녹엽성음(綠葉成陰), 자만지운운(子滿枝云云)'의 고가(古歌)에서 나왔다고 전한다. 자만은 자만(滋滿 또는 滋萬 자식이 많이 불어나라, 子滿 자식이 불어나라) 모두 같은 뜻을 지니고 있다. 이 골짜기는 발이산(發李山)이라 하여 전주이씨의 발상지를 뜻하기도 한다.

지금도 자만마을에 가면 '자만금표'(滋滿禁標)라는 표석이 있다. 왕조가 살았던 곳이므로 아무나 이곳에 출입 할 수 없다는 표시다. 왕가를 일으킨 마을 주민들의 자부심을 느낄 수 있다.

호남제일성 풍남문(豊南門)

전주성(全州城)은 삼남지방에서 가장 큰 성이었다.

북쪽에서는 평양과 함흥, 남쪽에서는 전주와 대구 성곽의 규모가 컸는데 대구성은 전주성의 3분의 2정도에 불과했다. 현재 추정해본 성벽 내부의 면적은 약 72만㎡(22만평)이다.

관찰사의 소재지였던 전주에는 시가지를 둘러싼 성곽이 초기부터 있었으며 그 성곽에는 동서남북에 각각 문이 있었다. 성 내부의 중심 건물로는 객

측면에서 본 풍남문

사와 전라감영, 전주부영이 나란히 배치됐다.

'풍패지관' 현판으로 유명한 객사는 '영빈관'이었다. 감영에는 도의 행정을 총괄하는 전라감사(도지사)가, 부영에는 전주부의 행정을 책임지는 전주부윤(전주시장)이 있었다. 이들은 모두 종2품으로 동급이었는데 임진왜란 이후에는 한 관리가 겸직하는 경우가 많았다.

전주성은 고려말 전라도 관찰사 최유경이 창건했다고 한다.

그 후 1597년 (선조 30) 정유재란으로 성곽과 성문이 모두 파괴됐다.

1734년(영조 10년) 관찰사 조현명이 성벽을 크게 고치고 4대문을 설치했다. 남문의 이름을 명견루(明見樓)라 했다.

그러나 1767년(영조 43)의 대화재로 불타 이듬해 관찰사 홍낙인이 재건하고 '풍남문'이라 했다.

1907년 일본에 의해 도시계획의 일환으로 성곽과 성문을 모두 철거함으로써 풍남문만 남게 됐다. 그 후 종각, 포루 등이 일부 헐리는 등 원형(原形)이 훼손되었으나 1978년부터 3년간의 보수공사로 옛 모습을 되찾았다.

풍남문은 팔작(八作)지붕의 겹층 누각으로서 아래층에 세운 높은 네 개의 기둥이 위층에서 가장자리의 기둥을 이루는 한국 성곽 건축에서 흔치 않은 기둥배치이다.

조선 후기 문루의 대표적 건축양식이라고 할 수 있다. '풍남문'이란 이름은 중국을 처음 통일했던 한 고조 유방의 고향인 풍패(豊沛)에 빗대어 태조 이성계의 관향(貫鄉)인 전주를 '풍패향'이라 부른 것에 기인한다.

전주부성 가운데 남쪽 성문을 풍패향, 전주의 남문이란 뜻으로 풍남문이라 했다.

4대문 중 유일하게 현존하고 있다.

전주의 대표 성곽인 '풍남문'

조선왕조실록 지켜낸 '전주사고'(全州史庫)

조선왕조실록을 보존해온 경기전 내 전주사고 모습

경기전 내부 전주사고에는 조선왕조실록을 비롯하여 고려사, 고려사절요 등 각종서적 1322책이 60궤에 담겨 보관됐다.

'사고'는 나라의 역사기록을 적은 실록과 중요한 서적, 문서등을 보관하는 국가의 서적 창고이다.

조선은 개국 초부터 역대 실록을 모아 한양 춘추관을 비롯해 전주, 충주, 성주 등 네 곳에 보관해 왔다. 하지만 숱한 전쟁 속에 모두 없어지거나 불에 타고 오로지 전주사고만이 온전히 남아 조선의 역사를 보존하는 데 절대적인 공헌을 했다.

592년(선조 25) 임진왜란이 일어나 모두 불타고 4대 사고 가운데 전주사고의 실록만 남게 됐다.

전주사고는 1473년(성종 4년)에 경기전 동쪽 담장 안에 설치됐다. 전주에 사고를 만든 것은 전라도 제일의 고을로써 인구와 경제력이 풍부하고 종이의 질이 좋으며 무엇보다 조선의 본향이라는 점이 고려됐을 것이다.

무주 적상산 사고 터와 당시 보관되었다는 실록과 사서의 양으로 미루어 여러 채의 건물로 이루어졌을 것으로 추정되는 전주사고는 현재 당시 사고 터 였음을 알리는 석주만 덩그러니 남겨져 있다.

왕의 역사를 간직했던 사고는 저 스스로의 역사는 잃어버린 채 그 터만 전하고 있다.

전주사고도 1597년 정유재란 당시 경기전과 함께 불에 탔다. 사고가 불타기 전 정읍 태인의 선비인 손홍록과 안의는 왜적이 충청 금산(錦山)에 침입했다는 소문을 듣고, 곧 전주로 달려와 실록과 태조 영정을 수호하던 경기전 참봉 오희길 등과 상의해 '태조부터 명종까지 13대에 걸친 실록 804권과 태조어진'을 들고 정읍 내장산으로 피신했다.

다음 해 7월 조정에 인계할 때까지 14개월 동안 무사히 지켜냈고 이후 해주·강화도·묘향산으로 옮겼다.

1603년 조선왕조실록 5부를 만들어 한양 춘추관과 마니산·태백산·묘향산·오대산에 사고를 지어 보관했다.

은행잎이 노랗게 물든 전주향교 모습

은행나무 단풍이 아름다운 전주향교(全州鄕校)

향교는 공자와 그 제자들을 제사 지내는 곳으로 조선시대에는 국가 교육
기관의 역할을 수행했다.

전주향교는 고려 공민왕 3년(1354년)에 현재의 위치에 세워진 것으로 추
정된다.

이후 경기전이 들어선 이후 아이들의 떠드는 소리와 회초리 소리 때문에
"태조의 영령이 편히 쉴 수 없다"는 이유로 외곽으로 이사를 했다가 성안의
양반 자제들이 다니기가 불편해 선조 36년(1603년)에 지금의 위치로 옮겼

명륜당 모습

전주향교 정문

다고 한다.

현재의 향교는 1987년 대대적인 보수를 거친 것으로 1992년 사적 제379호로 지정됐다.

향교는 대성전과 명륜당으로 구분된다. 대성전은 성현들의 위패를 모신 곳이고, 명륜당은 학생들을 가르치는 곳이다.

대성전 중앙에는 공자를 비롯해 유학의 4대 성현인 안자(顔子)·증자(曾子)·자사(子思)·맹자(孟子)의 위패가 모셔져 있고 중국 성현과 '동방 18현'의 신위가 모셔져 있다.

명륜 당 건물구조는 전형적인 일자형 한옥구조로 만들어졌다. 명륜당 앞에는 450년 된 은행나무가 각각 2그루씩 있다. 벌레를 타지 않는 은행나무처럼 유생들도 건전하게 자라 바른 사람이 되라는 의미이다.

현재 향교는 공간의 본래의 취지를 살려 자라나는 어린이들의 전통교육의 장으로, 수려한 풍광으로 인해 젊은이들의 데이트 장소로, 부부의 연으로 백년가약을 맺는 선남선녀들의 전통혼례식장 등 다양하게 활용되고 있다.

가을 노란색의 은행단풍 경치가 장관이다.

김혜수 주연의 'YMCA 야구단'과 드라마 '성균관스캔들' 촬영지로도 유명하다.

시리도록 차갑게 흐르는 한벽당(寒碧堂)

눈 내린 한벽당 모습

승암산 기슭 절벽을 깎아 세운 누각으로서 옛사람들이 '한벽청연(寒碧晴烟)'이라 하여 전주팔경의 하나로 꼽았다. 한벽루에 푸르스름하게 피어오르는 전주천의 물안개가 장관이다.

한벽당은 조선의 개국공신으로 일찌감치 벼슬길에 올랐던 월당 최담이 벼슬을 그만두고 전주에 낙향해 1404년에 건립한 정자다.

처음에는 그의 호를 따서 '월당루'라고 불렀다.

'한벽' 이라는 이름은 주자의 시구 '벽옥한류(碧玉寒流)'에서 따온 말인데, 정자 아래의 바위에 부딪혀 옥처럼 부서지는 시리도록 찬물을 뜻한다.

최담은 문과에 급제해 호조참의와 집현전 직제학까지 올랐다. 낙향한 이후 전주 한옥마을에 전주 최씨의 문중 집터와 종가를 조성한 사람이다.

조선시대 사대부들은 살림집만이 아니라 경치 좋은 곳에 누각을 하나 지어야 그곳에 제대로 정착했다고 생각했다.

최담은 한벽당을 지음으로써 낙향의 대미를 장식한 것이다. 1931년 일제
가 한벽당을 헐어내고 철길을 내려 했으나 당시 전주의 유학자들이 극렬하
게 반대하면서 이를 막아냈다.

1985년 한벽당 밑으로 4차선의 한벽교가 가설됐다.

600년 전주천의 역사를 머금은 한벽당에 오늘도 옥류는 시리도록 차갑게
흐르고 있다.

전라북도 유형문화재 제15호로 지정되어 있다.

회안대군묘! 대대로 왕이 나올 자리

조선개국공신 회안대군 이방간의 묘. 전주시 금상동에 있다.

회안대군(懷安大君)
은 조선 태조의 넷째
아들 방간(芳幹, 1364
~1421)이다. 그의 묘
가 있는 곳은 법사산
의 남쪽 자락 끝, 산세
가 완만한 곳으로 주
변이 잣나무로 둘러싸
여 있다.

회안대군의 묘는 금
릉부부인 긴포 금씨(金陵府夫人金浦琴氏)의 묘와 함께 앞뒤로 놓여 있는데,
일반적인 부부 묘와는 달리 부인 묘가 앞쪽에 있다.

묘 앞에는 상석과 향로석이 있고 묘주의 왼쪽으로는 축문을 태우는 소전
대(燒錢臺)가 배치되어 있으며 묘 아래 오른편으로는 회안대군의 일대기를
기록해놓은 묘표, 석양, 문인석, 동자석, 망주석, 장명등이 세워져 있다.

2005년 전라북도기념물 제123호로 지정되었다.

회안대군은 동생 방원과 함께 제1차 왕자의 난을 주도했다. 1398년 왕위 계승과 사병혁파 문제를 둘러싼 제1차 왕자의 난 때 동생 방원과 함께 신덕 왕후 강씨 소생의 세자 방석과 정도전 등을 제거하고 형 방과를 세자로 옹립, 왕으로 즉위하게 했다. 그 공으로 개국공신 1등에 책록되었다.

2대 임금인 정종은 뒤를 이을 아들이 없었다. 이 자리에 가장 관심이 많았던 이들이 바로 넷째인 방간과 다섯째인 방원이었다. 두 형제의 권력 다툼은 정종 2년인 1400년 드디어 무력충돌로 나타난다.

방간은 방원을 제거하려고 제2차 왕자의 난을 일으켰으나 개경에서 방원의 군대에 패하여 황해도 토산(兔山)으로 유배되었다. 그러나 얼마 후 조선의 풍패지향인 전주에서 살 것을 허락받고 삶의 터를 옮길 수 있게 됐다.

태종 연간에 여러 차례 치죄(治罪)가 논의되었으나 태종의 거부로 벼슬직책이 몰수되었을 뿐 별다른 제재를 받지 않았다. 1680년이 돼서야 왕실 족보인 '선원록'에 등재될 수 있었다. 시호는 양희(良僖)이다.

전해오는 설화에 의하면 태종은 회안대군이 죽었다는 소식을 듣고는 풍수사를 보내 그간 사정을 알아오게 하였다. 이들은 태종에게 회안대군의 묘가 군왕이 나올 자리라고 진언하자 "회안대군의 자손이 왕이 된다면 내 자손은 어떻게 되느냐"며 지사들에게 그곳으로 다시 가서 지맥을 끊으라고 명한다.

지사들은 다시 전주로 내려와 맥을 자르고 뜸을 떴다.

못자리는 호남정맥 만덕산에서 분기된 능선이 묵방산을 거쳐 두리봉에 이르고 우측으로 틀어 원금상마을과 산재마을을 가르는 능선으로 이어진다.

역사에서 패자는 말이 없다.

만약 2차 왕자의 난에서 회안대군이 승리했더라면 조선의 역사는 어떻게 변화됐을까. 그 회한의 넋을 달래며 전주 땅에 편안히 잠들어 있다.

전주객사(全州客舍)

전 주 객
사는 조선
시대 호남
을 관장했
던 전주의
5성급 관
급호텔이
었다.

조선시대 호남 대표 관사인 '전주객사'.
태조 이성계의 고향을 뜻하는 '풍패지관'이라는 현판이 붙어 있다.

서 울 에
서 호남으
로 부임해 오는 관료들은 이곳 객사에 들러 전라관찰사에게 임금의 어명을
전했다. 대면식과 숙식이 이루어지는 곳이었다.

전주부지도 등을 살펴보면 객사는 호남 전 지역을 총괄하는 호남 제일 고
을 위상에 걸맞게 현재 건물 말고도 많은 부속건물을 거느리고 있었고 아름
답게 조성된 후원을 거느린 웅대한 구조였던 것으로 파악된다.

일제 강점기 때 반 토막이 났고 산업화를 거치면서 문화재에 대한 무관심
속에 무너지고 쓰러지다가 1988년에 이르러서야 문화재로서의 면목을 가까
스로 찾기 시작했다.

전주객사는 임진왜란 당시 충신 이정란 선생이 700여 의병들을 모아놓고
목숨을 바쳐 전주부성을 사수할 것을 결의했다.

동학혁명 당시에는 전봉준 장군이 전주성 점령이 성공한 이후 민관협치
가 최초로 이루어진 '집강소'가 설치된 곳이다.

1987년 민주화항쟁 때에는 이곳에 전북의 대학생들과 시민들이 모여 민
주화를 요구했던 역사의 현장이기도 하다. 현판에 쓰여 있는 '풍패지관'(豐
沛之館)의 풍패는 한나라를 세운 유방의 고향을 뜻하는 말로 전주가 조선왕
조 건국자의 고향이라는 뜻을 담고 있다.

조경단

조경단(肇慶壇)

조경단은 건지산에 있는 조선 왕실의 시조 이한(李翰)의 묘역으로 1899년(광무 3)에 조성되었다. 조경단에는 이한의 묘역과 홍살문, 장방형의 단(壇), 고종 친필의 '대한조경단비(大韓肇慶壇碑)'가 세워져 있다.

전라북도 기념물 제3호 지정돼 있다.

태조 이성계는 조선 왕조를 세운 뒤 건지산에 있는 이 묘역을 각별히 지키게 했으며 그 후 역대 왕들도 이의 보호에 정성을 다하였다.

특히 고종 황제는 광무 3년(1899)에 이곳에 단을 쌓고 비를 세워 관리를 배치하고 매년 한 차례씩 제사를 지내도록 했다.

비석에 새긴 「대한 조경단」이란 글씨와 그 비문은 고종 황제가 직접 쓴 것이다.

조경단은 경기전, 조경묘와 함께 전주가 조선왕조의 발원지임을 상징하는 곳이다.

매년 4월에는 전주이씨대동종약원 주최로 '조경단 대제봉행' 행사가 열린다.

사단법인 전주이씨 대동종약원에서 조경단 대제봉행을 진행하고 있다.(2016년)

정몽주가 회한에 잠긴 만경대(萬景臺)

조선 개국 12년 전, 이성계와 정몽주는 전주 오목대를 찾았다.

남원 황산에서 고려 백성을 괴롭혀 왔던 왜구들을 크게 무찌르고 개성에 올라가기 전에 이성계 장군은 자신의 선친들이 살고 있는 이곳을 방문한 것이다.

이성계의 선친들은 함경도로 이주했지만 오목대와 자만마을에는 이씨 종친들이 많이 살고 있었다.

황산대첩을 거둔 이성계의 방문은 마을의 큰 잔치가 아닐 수 없었다. 전

주이씨 어르신들은 금의환향하는 이성계를 반기며 오목대에서 성대하게 잔치를 베풀었다.

종친들의 환대와 거나하게 술에 취한 이성계는 새로운 나라의 창업을 뜻하는 '대풍가'를 부르게 된다.

이성계의 대풍가를 들은 정몽주는 자리를 박차고 일어난다. 그가 정처 없이 다다른 곳이 바로 남고산에 위치한 만경대이다.

그는 다음과 같은 시로 자신의 마음을 표현한다.

천 길 산등성이 위에 돌길이 비꼈는데 千仞岡頭石徑橫
올라 보니 나로 하여금 회포를 기늘 길이 없게 하네 登臨使我不勝情
청산은 가물가물 부여국이 여기었고 靑山隱約扶餘國
누른 잎이 우수수 백제성이 저기인데 黃葉繽紛百濟城
9월 높은 바람은 나그네를 시름겹게 하고 九月高風愁客子
백 년 호기는 서생을 그르쳤네 百年豪氣誤書生
하늘가에 지는 해는 뜬구름 덮였으니 天涯日沒浮雲合
서글퍼라, 옥경을 바라볼 길 없구나 惆悵無由望玉京

신증동국여지승람에 실린 정몽주의 시이다.

부여국과 백제성은 망해버린 백제를 가리키는 말로 완산벌에서 사라진 옛 나라에 대한 회포를 가눌 수 없다는 것이다. 쓰러져 가는 고려를 살리기 위해 노력해 왔는데 개경(옥경)을 자신있게 바라볼 수 없는 자신의 심경을 고백하고 있다.

고려 중흥의 동지로 이성계를 생각하며 지금까지 그와 함께했는데 그가 역성혁명을 꿈꾸고 있는 심경을 알아버린 후 착잡한 심경을 읊조린 것이다.

정몽주의 고려에 대한 충절을 다시 한 번 느낄 수 있는 구절이다.

남원

황산대첩으로 고려의 영웅으로 떠오르다

태조의 승전을 기록한 '황산대첩비'

황산대첩비가 보관돼 있는 '대첩비각(大捷碑閣)'

남원 운봉면 황산 아래에 위치한 황산대첩비는 선조 10년(1577년) 운봉 현감 박광옥에 의해 건립됐다.

1380년 왜구를 물리친 황산대첩의 전승을 되새기기 위해 세웠으나 일제 강점기 말인 1944년 일본인에 의해 폭파됐다.

황산대첩비는 해방 이후 1957년 현 위치에 다시 건립됐고 폭파된 비석은 파비각(破碑閣) 안에 보호돼 있다.

황산대첩비지는 1963년 1월 21일 국가지정문화재 사적으로 지정됐다.

비문에는 당시의 전라도 관찰사 박계현이 "옛날 태조가 승전한 황산이 시대가 흐르고 지명이 바뀌어 잊혀져가니 비석을 세우는 것이 좋겠다"는 청에 따라 왕명으로 건립됐다.

이성계가 10배의 적을 대파함으로써 만세에 평안함이 있다는 것, 그리고 이성계의 업적을 기려 이 비를 세운다는 명문 등이 실려 있다.

거북받침돌. 황산대첩비를 세울 때 사용한 것으로 얼굴은 용의 형상을. 몸통은 거북형체를 하고 있다

이후 황산대첩비는 임금의 업적을 찬양하는 공덕비의 모범이 된다.

광해군 때는 신하들이 황산대첩비를 전례 삼아 임금의 중흥공덕비를 평양, 전라도, 경상도에 세워야 한다고 했다. 물론 임금에 대한 아첨이었고 실제 세워졌는지는 알 수 없다. 어쨌든 후세 왕들은 황산대첩비를 성적(聖蹟)으로 여겼다.

1667년 현종 때 비각을 세우고 고종 때인 1882년 비각을 다시 수리하고 이때 어휘각도 세운다.

일제강점기 막바지인 1943년 일본은 미국의 참전으로 점점 전쟁의 주도권을 빼앗기기 시작한다. 일본의 발악적인 문화재 파괴는 태평양전쟁에서 패색이 짙어지면서 절정에 이르렀다.

1943년 조선총독부가 각도 경찰부장에게 내린 '유림의 숙정 및 반시국적 고적의 철거에 관한 건'이라는 공문서는 반달리즘적인 폭거였다.

파비각 모습. 일제강점기 때 조선총독부가 비문을 쪼고 비신을 파괴했다.

항일사상과 투쟁의식을 유발하는 민족적인 사적들을 모조리 파괴하려고 한 것이다.

"…황산대첩비는…현재와 같은 시국에서는 국민의 사상통일에 지장이 있다면 이것의 철거도 또한 어쩔 수 없는 일로 사료되오니 다른 것과 함께 적

어휘각(御諱閣). 이성계는 황산대첩 일 년 후 다시 마을을 찾아 마을 뒤편 큰 바위에 그날을 함께한 여러 공신들의 이름과 행적을 적었다고 한다. 어휘각은 이 바위를 보호하기 위해 1973년 만든 비각이다.

당한 처치 있기를 바람. ('공문서', 1943)

일제 강점기 황산대첩비는 (일제에 의해) 반시국적 유적으로 낙인찍혀 철저히 파괴되었다.

광복 이후인 1957년 황산대첩비는 복원된다. 그리고 일제가 폭파하기 전 일부 사람들이 황산대첩비를 탁본한 덕분에 비문의 내용을 알 수 있게 됐다.

다음 시는 조선시대 때 장유가 황산대첩비를 보고 지은 시이다.(계곡집 제30권)

성신께서 운세 타고 멸망에서 구해 내려 / 聖神乘運濟淪亡
온갖 전투 칼빛 속에 풍뢰의 위세 떨치셨네 / 百戰風雷遶劍鋩
추악한 뱀과 돼지 모조리 쓸어 내며 / 封豕長蛇殲醜類
대장기(大將旗)에 부월(斧鉞) 들고 지는 해 되돌려 세웠어라 / 白旄黃鉞挽頹光
깃발 나부끼는 곳 산이 쩍쩍 갈라지고 / 靈旗卓得山崖裂
요망한 피 얼룩덜룩 이끼 낀 바위 물들였네 / 妖血斑將石蘚荒
청묘에서 만년토록 찬송되실 일 / 淸廟萬年歌頌在
풍비가 우뚝 그 무공 다시금 기리누나 / 豐碑更記武功揚

1977년 파괴된 비석을 보호하기 위해 파비각을 세웠다.

교룡산성 모습

남원 교룡산성

　남원 교룡산성은 험준한 교룡산(518m)을 에워싸고 있고 돌로 쌓은 이 산성은 총 둘레가 3,120m이다. 백제시대에 처음 쌓여졌고 이후 임진왜란 때 승병대장 처영(處英)이 고쳐 쌓았다.

　이곳은 이성계의 황산대첩 이야기를 품고 있다.

　1380년 삼도도순찰사에 임명된 이성계는 남원에 도착한 후 교룡산성에서 군대의 전열을 가다듬었다. 이곳에서 남원과 지리산에 주둔한 왜구의 정세를 살핀 후 운봉으로 출정하여 황산전투를 대승으로 이끌었다.

　성내에는 통일신라시대인 685년(신문왕 5) 창건된 선국사가 있다.

　선국사는 국난이 발생했을 때 군량미를 비축해 보관했던 곳으로 호국사찰로도 잘 알려지고 있다. 이 절은 동학혁명 유적지가 남아 있다. 동학의 최제우가 사찰 내 은적암에 머물려 동학의 교리를 완성했다고 전해진다.

　동학혁명 때는 김개남 장군이 이끄는 동학군이 주둔하면서 훈련과 작전을 수행했던 곳으로 곳곳에 많은 우물과 초소, 훈련장 등 흔적이 남아 있다.

　교룡산성은 전북기념물 제9호로 지정되어 있다.

인월, 피바위

　왜장 아지발도가 화살을 맞고 쓰러지며 흘린 피에 바위가 붉게 물들었다고 해서 피바위라고 전한다. 아지발도의 심장에서 내뿜은 피는 목구멍을 통해 분수처럼 뿜어져 흘러내렸다. 순식간에 아지발도는 중심을 잃고 말 위에서 바위로 데굴데굴 굴러 떨어졌다. 바위에 벌겋게 피가 고이면서 순식간에 냇물을 피로 물들였다. 그 후로 바위를 깨면 붉은색이 나온다고 하여 사람들이 피바위라 부르게 되었다고 한다.

인월에 있는 피바위

그 피바위가 있는 곳이 바로 '인월'이다.

인월(引月)이라는 지명은 날이 저물어 도망가는 왜구를 쫓아 달을 당겨놓고 밤늦게까지 싸워 전멸시킨 것에서 유래하였다.

또 다른 이야기도 전해오는데 전투는 오래도록 이어져 날이 저물어도 끝나지 않았다. 그런데 마침 그믐밤이라 적군과 아군의 분별이 어려워 싸움을 할 수가 없었다. 그러자 이성계가 하늘을 우러러 "이 나라 백성을 굽어 살피시어 달을 뜨게 해 주소서"하고 간절히 기도를 드리자 잠시 후 칠흑 같은 그믐밤 하늘에 어디서 솟아올랐는지 보름달이 떠 천지가 개미 기이기는 것까지 분간할 수 있을 만큼 환하게 밝았다.

이때 이성계가 달을 끌어 올렸다고 하여 '인월'이라는 지명이 생겨났다고 전한다.

여원치 마애불상(女院峙 磨崖佛像)

여원치 마애불상

여원치는 도로 사정이 지금과 같이 발달하지 못했던 시절 남원과 운봉, 함양을 왕래할 때 반드시 거쳐야 했던 길목이었다.

여원치 마애불상은 남원에서 운봉으로 넘어가는 여원치 고개의 정상에 조금 못 미친 국도변 암벽에 새겨져 있는 마애불좌상으로 1998년 전라북도 유형문화재 제162호로 지정되었다.

사각형에 가까운 넓적한 얼굴에는 이목구비가 큼직하게 표현되었으며 옆으로 길게 찢어진 듯 한 눈과 양쪽으로 넓게 퍼진 콧방울, 짧은 인중, 꾹 다문 각진 입 등에서 고려시대 불상의 특징을 느낄 수 있다.

여원치는 해발고도가 450m로 꽤 높은 고개다.

통일신라 이전에는 백제와 신라가 국경을 맞댄 지역으로 현재는 영호남을 연결하는 주요 교통요충지이다. 지대가 높아 항상 운무(雲霧)가 자욱한 지역이다.

이성계가 황산으로 출격할 때 이 고개를 넘었다.

여원치 고개에 있는 여원정. 이성계도 이곳 어디선가 할미를 만났을 것이다.

이성계가 고개를 넘던 날은 안개가 짙었다고 한다. 그런데 정상 부근에 다다르자 그 안개 속에서 한 할미(道姑, 女道士)가 나타나서는 왜구를 물리칠 방도를 일러주고 사라졌는데, 거짓말처럼 안개가 걷히고 이성계는 그녀의 말을 따라 전투에서 승리했다.

후대 사람들은 그녀가 왜장 아지발도에게 젖가슴을 잡히는 희롱을 당하자 자신의 가슴을 잘라내고 자결을 했다는 함양에 사는 얼굴 고왔던 여인의 원혼이라고 믿었다. 그래서 이 고개의 이름이 '여원치(女院峙)'다.

그녀의 흔적은 여원치 불상으로 남아있다.

임실

이성계, 하늘의 소리를 듣다

임실 – 상이암

임실 성수산

임실 성수산(聖壽山, 876)에 있는 상이암은 고려 태조 왕건과 조선 태조 이성계에 관한 전설을 간직한 독특한 곳이다. 두 태조에 대한 설화를 간직한 만큼 영험(靈驗)한 곳이 아닌가 한다.

성수산은 임실의 주산(主山)이며 호남의 미목(眉目)으로 아홉 명의 왕이 나올 길지(九龍爭珠之地)라 일컬어지는 명산이다.

지금도 대권을 꿈꾸는 잠룡들의 발걸음이 이어지고 있다.

임실군 성수면과 진안군 백운면의 경계를 이루고 있고 임실 방면으로 자연휴양림이 조성돼 있다.

일찍이 신라 말 도선국사(道詵國師)가 이 산을 둘러보고 천자봉조지형(天子奉朝之形)이라 감탄하고 도선암(道詵庵)이라는 절을 지었다. 그리고 도선국사는 송도로 올라가 왕건의 아버지에게 왕건으로 하여금 이곳에서 백일 치성토록 은밀히 권유하였다.

성수산 상이암

이곳에 내려온 왕건은 백일기도 끝에 고려 건국의 대업을 성취할 수 있는 계시를 받아 그 기쁨을 억누르지 못하여 환희담(歡喜潭)이란 글을 비에 새겼다고 한다.

고려 말 무학대사의 권유로 이성계도 이곳을 찾아 치성을 올려 삼업(三業)이 청정함을 깨닫고 삼청동(三淸洞)이라 글씨를 새겼다.

또한 하늘에서 천신이 내려와 손을 귀 위로 올리면서 성수만세(聖壽萬歲)라고 세 번 외치는 용비어천의 길몽을 꾸었다.

조선 개국과 더불어 태조 3년 각여선사(覺如禪師)가 도선암을 상이암(上耳庵)으로 고쳐 불렀으며 성수만세란 외침으로 인하여 이때부터 이 산의 이름을 성수산이라 불렀다고 한다.

삼청동이라는 이성계가 쓴 비는 현재도 이곳에 남아 있다.

임실군은 성수산 일대에 '왕의 숲 생태관광지 조성사업', '태조 희망의 숲 조성', '국민여가 캠핑장 조성' 등 약 176억원을 투자해 태조 이성계를 기념하는 사업을 추진하고 있다. 성수산에 펼쳐져 있는 편백나무 숲 모습

마을 이름도 이성계와 관련이 있다.

이성계가 조선을 건국하기 전 왕건에 대한 이야기를 듣고 상이암을 찾았는데 오수에서 산서를 거쳐 지금의 왕방리에 아침에 도착해 "상이암이 어디에 있는가"하고 물으니 주민들이 "아직 오리나 남았다"고 답했다. 그래서 아침에 고개를 넘었던 곳을 '아침재', 왕이 길을 물은 마을을 '왕방리'라 부르게 됐다. 이어 이성계가 상이암 아랫마을에 도착해 "내가 수천 리나 걸어서 왔다"는 말을 했다 하여 마을 이름이 '수천리'가 됐다고 전하고 있다.

장수

봉황이 날아오르다

뜬봉샘

장수군에서 탐방객의 편리를 위해 임도를 개설했다.

뜬봉샘과 신무산(897m) 정상에 오를 수 있다. 비가 오고 안개가 낀 날이면 어디선가 봉황이 날아가는 모습을 볼 수 있을 것만 같다. 여전히 뜬봉샘은 깊은 숲속에 위치하고 있다.

장수라는 지명은 산고수장(山高水長)이라는 말에서 유래됐다고 한다.

그만큼 높고 수려한 산세와 굽이굽이 휘도는 물길이 길게 이어져 있는 고장이다.

장수(長水)라는 군 지명 역시 긴 물줄기를 뜻한다. 이 지역 7개 읍·면 가운데 5곳의 지명은 물을 의미하는 수(水)와 계(溪), 천(川)이 들어간다. 장계(長溪), 계남(溪南), 계북(溪北), 천천(天川)면인데 모두 물을 끼고 있다.

금강의 시작점은 뜬봉샘이다. 뜬봉샘이 위치한 수분리는 금강과 섬진강이 나뉘어 흐르기 때문에 붙여진 이름이다. 뜬봉샘에서 솟아오른 물은 금강의 젖줄일 뿐만 아니라 섬진강의 1·2지류인 오수천과 요천의 출발점이기도 하다.

태조 이성계가 나라를 세우기 위해 백일기도를 올렸던 곳으로 유명한 뜬봉샘은 지금도 전국 각지에서 많은 사람들이 찾고 있는 명소다.

뜬봉샘으로 향하는 숲길

장수읍 용계마을

용계마을 앞에 있는 소나무 군락지.

이성계 장군이 5천의 왜구 토벌대를 이끌고 지나간 마을이다.

마을 뒤편으로 신무산이 있는데 이곳에 이성계 기도처로 유명한 뜬봉샘이 있다. 마을에서 임도를 따라 약 3km 들어가면 금강발원지인 뜬봉샘이 나온다.

임도를 따라가다 보면 발 아래로 장수읍이 그림처럼 펼쳐지고 구불구불 신무산 깊은 골짜기로 안내한다. 탐방객이 많지 않아 고요함이 그득하다.

640여 년이 지난 지금 이성계 군대가 지나간 길에는 사과나무가 무성히 자라고 있다.

용계리에서 산서면을 지나 임실군 성수면으로 들어서면 상이암을 만날 수 있다. 약 30km 거리인데 옛 이성계 군대의 발자취를 따라가 볼 수 있는 길이다.

장수 비행기재

장수읍 용계마을에서 임실 상이암으로 가다 보면 13번 국도 비행기재(해발 471.6m)를 만날 수 있다.

장수 비행기재에서 바라본 산서면 풍경

산서면 황금들판과 산세 풍경이 수려하게 펼쳐져 '사진찍기' 좋은 곳으로 알려져 있다.

아마도 이곳을 지났을 이성계 장군도 잠시 이곳에 쉬어 그림 같은 산세를 감상했으리라.

진안

신(神)으로부터 금척을 받다

마이산

마이산(馬耳山)은 진안고원에 두 개의 봉오리를 뽐내며 서 있다.

동봉을 숫마이봉(680m), 서봉을 암마이봉(687.4m)이라고도 한다.

신라시대에는 서다산, 고려시대에는 용출산 이라고도 했으며 조선시대부터는 산의 모양이 말의 귀와 같다 하여 마이산이라 부르게 되었다.

동봉과 서봉은 약 20m 간격을 두고 있으며 산 전체가 거대한 암석산이나 정상에는 식물이 자라고 있다.

조선의 창업자 태조 이성계가 왕위에 오르기 전에 마이산에 100일간 머물며 건국의 대의를 품었다는 곳이다.

이성계는 1380년에 남원 운봉에서 왜구를 무찌르고 개선하던 중에 꿈속에서 받은 금척(金尺)을 묶어 놓은 듯한 마이산을 보고 머물며 시를 읊었다.

> 동으로 달리는 천마 이미 지쳤는가 天馬東來勢已窮
> 갈 길은 먼데 그만 스러지고 말았구나. 霜蹄未涉蹶途中
> 작은 시냇물은 몸통만 가져가고 두 귀는 남겼는가 涓人買骨遺其耳
> 두 봉우리 이루고 하늘로 솟아있네. 化作雙峰屹半空

진안 마이산을 본 이성계는 금척을 받았을 때 보았던 산의 모습과 똑같이 생겼음을 알았다. 이성계는 꿈에서 본 이 산을 보고 성심을 다해 기도를 올렸다.

태종 이방원이 1413년 남행을 하면서 이 산을 지나게 됐는데 말의 귀를 닮았다고 하여 '마이산'이라고 명명했다고 한다.

마이산 운해

마이산에는 부부의 슬픈 전설이 전한다.

천상에서 죄를 지은 신선 부부가 지상으로 추방을 당했다. 참회의 기도를 올리며 스스로를 정갈하게 지켜오던 신선부부에게 두 명의 아기가 생겨 기쁨을 누린다. 신선부부의 기도에 감동한 하늘이 신선부부에게 다시 천상계로 올라 올 수 있는 기회를 준다. 다만 다른 인간의 눈에 띄지 않도록 하라고 했다.

남편 신선은 밤이 되면 바로 천상으로 올라가려고 준비했다. 그러나 아내 신선은 아직 어린 두 아기들이 걱정이 됐다. 아내 신선은 밤을 지나 새벽에 승천하자고 남편을 졸랐다. 남편 신선도 밤을 지나 새벽 일찍 승천하기로 했다.

신선부부가 승천하려 할 때 산 아래에 살던 농부의 아내가 치성을 드리기 위해 새벽잠을 깨어 산을 오른다. 그것도 모르고 승천을 시작한 신선부부는 자신의 몸을 늘려 천상계로 오를 준비를 한다. 느닷없이 신비한 모습을 직접 목격하게 된 농부의 아내는 놀라 비명을 지르고 그 비명소리가 천상계에 전달된다. 화가 난 옥황상제는 신선부부의 경솔함에 천상계의 문을 닫아 버린다.

신선부부는 천상계로 승천하려던 모습 그대로 굳어 버렸다. 암마이봉이 볼 면목이 없어 숫마이봉에 등지고 고개를 떨구고 있는 형상이다. 그 굳어 버린 모습이 지금의 마이산이라는 전설이다.

마이산 탐사

마이산 탐사는 세종대왕의 바로 맏형인 효령대군(태종의 둘째 아들)의 16세 손인 이갑용 처사가 1800년대 후반 구한말에 세운 것으로 알려지고 있다.

80여개의 돌탑이 세워져 있다. 쇠락하는 대한제국의 국력과 앞으로 닥칠 국권 상실을 한탄하며 구국의 일념으로 30년 동안 이갑용 처사가 홀로 쌓아 올렸다고 전해진다.

마이산 탑군은 이미 100년이 넘었는데도 태풍에 흔들리기는 하나 무너지지 않는 신비를 간직하고 있다.

탑들을 보면 양쪽으로 약간 기울게 쌓여 있는 것을 볼 수 있는데 이는 탑을 세운 사람이 바람의 방향 등을 고려하여 축조한 것으로 보인다.

마치 피라미드처럼 이렇게 높은 탑을 어떻게 혼자 쌓아 올렸는지는 아직도 정확히 밝혀지지 않고 있다.

마이산은 산 전체가 마치 누군가 콘크리트를 부어서 만든 것처럼 보인다. 봉우리 중턱 급경사면에 여기저기 마치 폭격을 맞았거나 무엇인가 파먹은 것처럼 움푹 파여 있는 굴들을 볼 수 있는네 이를 '타포니 지형'이라고 한다.

마이산 타포니 지형은 바위 내부에서 얼었다 녹았다를 반복하며 내부가 팽창되면서 밖에 있는 바위 표면을 밀어냄으로써 만들어졌다.

세계에서 파포니 지형이 가장 발달한 곳이다.

마이산 탑사

은수사 옆에 있는 청실배나무

은수사

은수사는 이성계가 기도를 드린 절로 잘 알려져 있다. 이성계가 샘물을 떠 마시면 서 "물이 은처럼 맑다"하여 '은수사'라고 붙였다.

은수사 금척도

이갑룡 처사

은수사의 청실배나무는 이성계가 마이산을 찾아와 기도를 하고 그 증표로 씨앗을 심었는데 그것이 싹터 자란 것이라고 전해지고 있으며 지금까지도 이곳 주민들은 이를 자랑스럽게 여기고 있다.

18m 높이의 커다란 배나무는 아직도 봄이면 배꽃이 활짝 피어 화사함을 뽐낸다.

마이산은 역고드름 현상이 발생하는 신비한 곳으로도 잘 알려져 있다. 겨

이산묘 전경. 뒤편에 주필대 암벽이 보인다.

울 은수사에서는 고드름이 거꾸로 자라는 역고드름 현상이 발생한다. 절 주변에서 그릇에 물을 담아놓으면 물이 하늘을 향해 자라면서 기둥이 되어 얼게 된다.

왜 이런 현상이 일어나는지 아직까지 밝혀지지 않고 있다.

이산묘(駬山廟)와 창의동맹단

이산묘는 마이산 도립공원 남쪽 입구에 있는데 태조 이성계와 인연이 깊다.

이곳에는 '주필대(駐蹕臺)'라는 글자가 새겨진 암벽과 1907년 호남 의병 창의동맹단(湖南義兵 倡義同盟團)의 집결지로서 황단(皇壇)터가 있으며 그 뒤로는 이산묘라는 사당이 자리하고 있다.

주필대는 태조 이성계가 왜구를 무찌르고 개선하던 중에 머물렀던 곳으로 전하고 있다.

이산묘는 항일항쟁에 앞장섰던 면암 최익현 선생과 그의 제자이면서 고종황제의 스승이었던 송병선을 기리기 위해 지어진 사당이다. 1927년 일

창의동맹단

본의 방해 공작으로 파괴됐다.

광복 후인 1947년 다시 지어진 이산묘는 단군, 태조 이성계, 세종, 고종을 비롯하여 을사년 이후 순국한 의사·열사 및 조선의 명현들을 포함한 79위를 배향한 국내 최대의 사당이다.

태조 이성계의 신위를 모시기 위해 회덕전(懷德殿)이 지어져 있다.

조선의 이름난 선비 40위를 배향한 영모사(永慕祠)와 을사늑약 이후 순국한 선열 34위를 배향한 영광사(永光祠)가 함께 있다.

이산묘라는 사당을 세운 항일의지는 '창의동맹단'의 독립운동으로 이어진다.

1907년 8월 정미조약의 군대 해산을 계기로 전국에서 의병이 궐기할 무렵 이석용(李錫庸)은 진안 등지에서 1천여 명을 모집하여 이곳 진안군 마령면에서 창의동맹단을 결성한다.

이석용은 만장일치로 의병 대장으로 추대되었다.

결성 후 2년 동안 다양한 규모의 병력으로 진안·용담·장수·임실·전주·순창·광주·곡성·남원·운봉·함양 등의 지역에서 일본군과 교전하여 많은 전과를 올렸다고 한다. 호남 의병 투쟁의 효시를 뜻한다는 점에서 중요한 의미를 갖는다.

호남의병 창의동맹단 결성지비는 1998년 이산 향토문화연구회 회장 오귀현의 주도로 이 사실을 기념하기 위하여 건립됐다. 바로 옆에 '대통령 김대중(大統領 金大中)'이라고 적고 있어서 당시 김대중 대통령이 비문을 썼음을 알 수 있다.

창의동맹터는 조선 태조의 건국설화가 있는 곳을 택해서 사우(祠宇)를 건립했고 항일의병의 위패와 그 기념 흔적을 모아놓은 곳으로 당시 항일운동을 되새길 수 있는 좋은 장소이다.

몽금척

몽금척요(夢金尺 謠)는 태조 2년 정도 전이 태조 이성계의 개국을 찬양하기 위 해 지어진 노래이다. 이에 태조는 정도전 에게 채색비단을 내 리고 악공들에게 익

은수사 앞에서 펼쳐진 금척무

히게 하고 나아가 춤으로 만들도록 했다.

몽금척의 내용은 꿈에 신인(神人)이 이성계에게 금척을 내렸다는 내용과 이성계의 무병장수를 기원하는 내용으로 이루어져 있다.

여기에 마이산을 노래하는 가사가 나온다.

산의 둘레는 山之四面
바위로만 우뚝 솟아 全后屹立
마치 돛대처럼 兀然如棹
절경을 이루네 佳景奇絶

진안군이 몽금척의 재현을 추진했고 1981년 전주의 무용가인 김광숙이 진안제일고등학교 학생으로 구성된 진안 백합무용단에서 첫 공연을 펼쳤 다.

이후 금척무는 2007년 진안군이 금척무용단을 발족시켜 계승하고 있다.

진안군은 매년 10월 12일 진안군민의 날에 몽금척요를 공연하고 있다.

일월오봉도(日月五峰圖)

　일월오봉도는 궁중미술을 대표하면서도 조선시대를 대표하는 명작이다.
　언제 어디서든 임금의 용상 뒤에 펼쳐진 조선왕실 최고의 상징 그림이
다.
　대비와 좌우대칭, 반복을 이용한 빈틈없는 화면구성에 섬세한 묘사와 진
채의 화려한 색상은 감상자를 압도하기에 충분하다. 여기에 비단과 최고급
안료를 사용해 고급스럽고 표구와 병풍을 만들어 장식성과 보존성을 극대
화시켰다.

일월오봉도. 국립민속박물관 소장

　조선의 이상적인 세계나 사상을 도식화시켰을 것이라고 추측하고 있다.
　일월오봉도를 둘러싼 여러 가지 해석들이 있다. 그중에서 마이산과 관련
된 것도 있다.
　조선 건국에 마이산이 많은 비중을 차지하는 것으로 보아 〈일월오봉도〉
가 마이산 다섯 봉우리를 뜻하고 산봉우리에서 내리는 두 줄기의 물은 금강
과 섬진강의 발원지라고 하는 이야기가 있다.
　전주 경기전의 태조 이성계 어진 뒤에도 일월오봉도가 펼쳐져 있다.

경기전 태조 어진을 지켜라

태조암

완주 위봉산성 부근에 위치한 태조암(太祖庵)에도 이성계와 얽힌 일화가 전해진다.

태조암 전경

이곳에서도 이성계가 기도를 올렸다는 설화가 전해지고 있다. 그래서 이름도 태조암이다.

태조암(太祖庵)은 위봉산성 입구에서부터 오르는 길이 시작된다.

되실봉(524m) 아래 전주시내를 굽어보며 자리잡고 있다.

태조암은 숙종 원년인 1675년에 전주부윤(全州府尹) 권대재에 의해 건립됐다.

1592년의 임진왜란과 정유재란을 거치면서 전란에 대비해 어진과 위패를 모실 곳이 필요했다.

위봉산성 안에 있는 행궁은 전주 경기전에 보관되어 있는 태조 이성계의 어진과 조경묘의 전주 이씨 시조 위패를 피신시키기 위해 쌓았다. 이때 태조 영정을 모

태조암에서 바라본 완주군 풍경

신 것을 봉축하기 위해 산성 밖에 태조암을 건립했다고 한다.

실제 동학 농민혁명(1894년)이 일어나 전주부성이 농민군에 의해 함락되자 태조어진과 위패가 태조암으로 피신하기도 했다.

현재는 위봉사의 산내암자로 위봉사의 말사다.

위봉산성

완주 위봉산(524m)을 둘러싸고 있는 위봉산성은 변란이 있을 경우 전주 경기전에 있는 태조 이성계의 영정과 전주사고에 보관한 왕조실록을 옮겨놓기 위해 쌓았다.

숙종 원년(1675년)부터 7년간 군민들을 동원해 쌓았

위봉산성 모습

다.

성벽 둘레는 약 8,539m, 성벽 높이는 1.8~2.6m, 성 안 면적은 1백66만여㎡에 이른다. 산성 내 시설물로는 성문 4개소, 암문지 6개소. 장대 2개소, 포루지 13개소 등이 확인되고 있다.

위봉산성은 군사적 목적뿐만 아니라 유사시 태조 이성계의 어진을 모시기 위한 행궁을 성 내부에 두는 등 조선 후기 성곽 연구에 귀중한 자료가 되고 있다.

만육 최양 선생(晩六 崔瀁 先生)

태조 이성계가 극찬한 고려의 충신이 있었으니 그가 바로 만육 최양이다.

태조는 "한나라 광무제에게 엄광 같은 친구가 있었다면 나에게는 최양은

진안 백운면에 위치한 만육 최양 선생 유허비

그와 같은 친구다"고 말했다고 한다.

엄광은 광무제 유수(劉秀)의 절친한 친구로 유수가 군사를 일으켰을 때 그를 도왔다. 그러나 유수가 황제에 즉위하자 이름을 바꾸고 부춘산에 은거했다. 훗날 광무제가 백방으로 찾았는데 찾을 수가 없었다.

태조가 1395년 영의정과 좌의정으로 출사(出仕)할 것을 요구했지만 최양은 이에 응하지 않고 지금의 소양면 부근에서 74세의 나이로 생을 마쳤다.

최양(1351~1424)은 전주 최씨로 호는 만육이며 정몽주의 생질이다. 고향은 완주군 소양면으로 알려지고 있다.

정몽주는 "최양이 나이가 비록 나보다 뒤지지만 도(道)가 나보다 앞선다"고 칭찬했다고 한다. 고려 말 우왕 2년(1376) 문과에 급제하여 보문각 대제학에 올랐던 대학자이다.

최양은 1380년 이성계가 황산대첩에 출정할 때 정몽주와 함께 종사관(從事官)으로 참여했다. 1391년 외삼촌 정몽주가 이방원 일파에게 선죽교에서 격살되자 진안군 팔공산에 들어가 3년을 은거했다. 고려 말 두문동 72현 중 한 명으로 알려지고 있다.

이를 기려 진안군 백운면 반송리에 최양선생유허비(전라북도 기념물)가 서 있다.

만육 최양 선생 돈적소(遯蹟所)는 팔공산에 있다. 돈적소는 최양 선생이 '돼지처럼 살았던 굴'이라고 해서 붙여진 이름이다.

만육이 3년간 돈적소에서 은둔했는데 나라에서는 끝내 그를 찾아내지 못했다고 한다.

돈적소는 팔공산(八公山, 1,151m) 부근에 있는 자연암굴이다. 암굴 입구는 2.5m정도이고 석굴은 안으로 들어갈수록 점차 좁아지며 깊이는 10여m, 2층 구조로 된 수직굴 형태로 서로 이어져 있다.

최양은 나라의 근본인 백성들을 염려했던 애민사상가였다.

그는 우왕에게 올리는 상소를 통해 백성들의 세금을 착취하려는 권문세족들

팔공산에 위치한 만육 최양선생 돈적소

의 행태를 비판하면서 토지개혁을 주장했다.

또한 "노비가 비록 천하지만 역시 하늘이 낸 백성인데, 으레 재물로 여겨 우마와 교환하면서 소와 말을 사람의 생명보다도 중하게 여기고 있다"고 지적하면서 노비매매를 금지할 것을 주장했다.

여기서 최양의 백성을 생각하는 애민사상의 면모를 읽을 수 있다.

완주군 소양면에도 최양 선생에 대한 이야기가 전한다.

소양면 화심마을에서 동상면 쪽으로 가다보면 대승마을이 나온다. 이곳은 만육공이 은거했던 곳이다.

그는 태조가 사신을 보내 공전을 하사했으나 거절했다. 세종은 그가 세상을 떠나자 3일 동안 정무(政務)를 정지하고 고기 없는 반찬으로 식사를 했다고 한다.

용연마을 앞 천변에서 보면 멀리 신왕리(新王里), 왕정리(王停里)라는 마을이 보이는데, 이 마을들이 이와 관련된 지명이다.

새 왕의 사신이 온 곳이라고 하여 신왕리라고 하였으며 왕의 사신이 머문 곳이라고 하여 왕정리라고 하였다.

'최고집'이라는 말도 바로 만육공의 절개에서 비롯됐다고 한다.

태조 이성계의 밥상에 오른 순창고추장

만일사(萬日寺)

만일사 대웅전

만일사는 순창군 구림면 회문산 자락에 위치해 있다.

대한불교 조계종 제24교구 본사인 선운사의 말사로 신라시대인 673년(문무왕 13년)에 창건되었다.

만일사에는 고려 말 무학대사(無學大師)가 이성계가 새로운 나라를 창업할 수 있도록 1만일 동안 기도를 드렸다는 내용을 담고 있는 만일사비가 전해 내려온다.

사찰 이름도 여기서 유래해 만일사라 불렀다고 한다.

지금은 그 글이 다 닳아 보이지 않지만 '태조대왕'과 '무학'이라는 글자는 아직도 판독할 수 있다고 한다.

만일사 앞마당에 펼쳐져 있는 고추장 항아리 모습

순창 고추장의 설화가 새겨진 듯 한 이 비는 순창고추장을 역사적으로 기록하고 있는 문화유산이다.

6.25 한국전쟁 때 3등분으로 파손된 것을 1978년 복원했다.

만일사는 조선시대인 1597년(선조 30년) 정유재란 때 소실된 것을 지홍 등이 다시 지었다. 또한 한국전쟁 당시인 1951년 8월 사찰 건물이 거의 소각되었으나 1954년 현재의 자리에 재건되었다.

태조 이성계와 만일사의 인연을 기록하고 있는 '만일사비'

만일사에는 고추장과 관련된 이성계의 이야기가 전해지고 있다.

태조 이성계가 임금이 되기 전 무학대사와 만일사에서 기도를 드리고 있었는데, 하루는 김좌수댁 초대를 받아 점심을 먹게 되었는데, 산해진미로 차려진 밥상 중에 고추장 맛이 일품이었다.

식사가 끝나고 고추장 맛이 빼어난 비결을 물었다. 이에 김좌수가 대답하기를 "순창은 산과 물이 많고 토양이 비옥하며 풍향이 완만하여 보통으로 담가도 그 맛이 담백하고 감칠맛이 납니다"고 대답했다.

그로부터 이성계의 밥상에는 반드시 순창 고추장이 올랐다고 한다.

군산

최무선의 화포로 왜구를 크게 무찌르다

진포대첩 기념탑

진포대첩 기념탑은 우리나라 최초로 화약을 이용한 함포로 왜구 500여 척을 무찌른 최무선의 진포대첩(鎭浦大捷)을 기리기 위해 세워진 탑이다. 금강호 시민공원의 중앙 광장 옆에 높이 17.9m 화강암으로 만들어진 진포대첩비가 서 있다.

1380년(우왕 6) 8월 진포에 왜구들이 500척에 이르는 대선단을 거느리고 곡식을 노략질하기 위해 군산 방면으로 침입해 왔다.

군사의 규모는 대체로 2만5천 명 이상에 달하는 것으로 추정되고 있다. 왜구는 약탈한 곡식들을 함선에 적재할 때 흔들리지 않도록 큰 밧줄로 배들을 서로 잡아매고 일부 병력을 남겨둔 채 육지를 돌아다니며 곡식을 비롯한 재물을 약탈하기 시작했다.

왜구의 대규모 함대가 침입했다는 급보를 받은 고려 정부는 심덕부, 나세, 최무선의 지휘 하에 화약 무기를 적재한 신형 함선 100척을 출동시켰다. 고려 함선들은 진포에 이르러 밧줄로 서로 묶여있는 적함을 향해 일제히 화전과 화통, 화포를 사용해 집중 사격을 퍼부었다. 화공을 통해 고려 함대는 적선 500척을 모조리 파괴·소각시키고 왜구들에게 붙잡혀 있던 330명의 고려 백성을 구출하였다.

진포 대첩은 1350년 왜구들이 고려에 본격적으로 침입하기 시작한 이래 30년 만에 고려 수군이 거둔 최초의 승리이며 또 대 왜구 투쟁에서 고려가 거둔 가장 빛나는 승리이기도 했다.

이때 해상에서 배를 잃어버린 왜구들은 내륙으로 침투하게 되고 노략질

금강호 시민공원에 위치한 '진포대첩 기념비'

을 계속하다가 남원 지역에 운집하게 된다. 이때 이성계 장군이 출격해 이들을 물리치고 황산대첩을 승리로 이끌게 된다.

1380년 진포대첩이 벌어졌던 군산 앞바다 모습.

진포해양테마공원에 가면 진포대첩 승리의 주역인 최무선 장군을 만날 수 있다.

최무선(崔茂宣)은 고려 말 조선 초의 무신이다. 한국 역사상 최초로 화약 개발에 성공하였으며, 이를 통해 왜구 진압에 큰 역할을 했다.

1876년 강화도 조약 이후 부산과 원산, 인천이 개항됐고 군산은 1899 개항됐다. 군산은 조선시대 해상으로 세금운반선을 운항하던 중심지였는데 일제 강점기에는 호남평야의 쌀을 일본으로 수탈해 나가는 병참기시가 됐다.

현재는 새만금의 중심도시로 새로운 도약을 꿈꾸고 있다.

부안

선계(仙界)를 보는 듯한 곳에 머문 이성계

변산 선계폭포(仙界瀑布)

태조 이성계는 조선을 개국하기 전 전국의 명산을 다니며 수련과 기도를 드렸다는 기록이 많이 전하고 있다.

변산반도 국립공원 안에 있는 선계폭포.

당시에는 개국을 하기 위해서는 명산의 산신령과
의 교감을 통해 계시를 얻어야 개국의 정당성을 얻
는다는 믿음이 백성들에게 광범위하게 퍼져 있었
다.

부안의 변산반도 국립공원에도 이성계가 수련을
했다고 이야기가 전해지는 폭포가 있다. 이름하여
'성계폭포'이다. 이성계가 머물며 공부와 무예를 닦
았다고 해서 '성계골'이라고도 한다. 다만 선계폭포
가 민간에 전해져 성계폭포로 발음되는 까닭에 이성계 이야기가 자연스럽
게 만들어지지 않았나 추측하고 있다.

부안군에서 곰소 방면으로 30번 국도를 따라가다가 만회마을에서 오른쪽
으로 약 2km정도 들어가 우동저수지를 지나면 선계폭포가 보인다.

비가 많이 올 때는 분지에서 물이 쏟아져 나와 60m의 물줄기가 폭포를
이룬다. 주변에 맑은 물과 경관이 수려할 뿐만 아니라 정사암지 아래 선계
폭포 골짜기의 굴바위 까지 역사 탐방코스도 있다.

인근에는 조선 중기 실학파의
거두인 반계 유형원 선생의 반계
서당이 있다.

여기서 그 유명한 반계수록을
집필했다고 한다. 홍길동의 저
자 허균이 여류시인 이매창과 시
문을 논하며 우정을 나누었던 곳
이기도 하며 소설 홍길동의 활동
배성이 되었다고 한다.

성계사업준공기념비

무주

덕유산 신령이 이성계의 새나라 건국을 승락하다

덕유산(德裕山)

무주 덕유산 모습

덕유산은 동서로 영호남을 나누고 있는 큰 산이다.

주봉인 향적봉에서 남덕유산에 이르기까지 장장 100리에 걸친 산줄기는 1,000m가 넘는 봉우리를 여럿 품고 있다. 이렇게 크고 넉넉한 산이다 보니 이름도 여럿으로 나뉘어 있다.

가장 높은 봉우리인 향적봉(1,614m)일대는 북덕유산, 육십령에서 올라서는 남쪽 봉우리는 남덕유산(1,507m), 그리고 남덕유산의 서봉(1,510m)은 장수덕유산이라 부르기도 한다.

무주 덕유산(德裕山)에도 이성계와 얽힌 전설이 있다. 이성계가 고려 장군 시절에 덕유산에서 수도를 했는데, 이때 수많은 맹수가 우글거렸으나 한 번도 해를 가하지 않아 '덕이 넘치는 산'으로 덕유산이라 하였다.

이성계가 왕이 되기 전 이 덕유산에서 기도를 드렸다고 한다.

이 때 덕유산의 산신령이 하루도 빠짐없이 성실하게 기도를 하고 있는 이성계를 보면서 다음 왕으로 승낙했다고 한다. 이 소식을 들은 조리장수가 이 소식을 널리 알렸는데, 이 소리를 들은 대부분의 산신령들은 찬성했는데, 지리산 산신령만 반대해서 나중에 전라도로 쫓겨났다고 한다.

이성계는 왕이 된 후에 덕유산에 제단(祭壇)을 설치하고 덕유산 산신령에게 감사의 제사를 지냈다고 한다.

덕유산은 백제, 신라, 가야의 경계를 이루는 산으로 예부터 신성시 해 온 산이다.

특히 임진왜란 때는 왜적을 피해 백성들이 이 산에 숨어들었는데 왜구가 지나갈 때면 깊은 안개가 끼어서 백성들을 보호해 주었다는 이야기가 전한다.

조선의 예언서인 정감록에는 덕유산을 십승지 중 하나로 꼽고 있다.

3

태조 이성계
관련 칼럼 / 기사

'이성계 역사문화테마밸리' 조성해야

 광주를 '아시아문화중심도시'로 육성하기 위해 문화체육관광부가 오는 2023년까지 6년 동안 총 3조 9천450억 원 예산을 투입하겠다고 9일 발표했다. 그렇다면, 이웃 광주는 어떻게 아시아 문화중심도시가 될 수 있었는가.

 그것은 바로 기획력과 정치력의 승리라고 본다.

 참여정부 시절 광주전남 정치권은 이름도 생소한 '아시아문화중심도시'라는 개념을 기획했고 정치권이 똘똘 뭉쳐 "광주를 아시아의 문화발전소로 육성하겠다"는 5조 원짜리 문화사업을 만들어 냈다. 이번 정부 발표로 광주의 아시아문화중심도시 프로젝트는 한층 탄력을 받을 예정이다.

 경북 안동은 '대한민국 정신문화 수도'를 자처하고 있다. 이들은 이 사업을 '선비문화'로 구체화 하면서 세계유교선비문화공원과 한국문화테마파크 사업을 추진했다. 국비 포함 약 3천억 원의 예산이 투입됐다. 지역경제 생산유발액 약 3천억 원과 3천 명의 고용유발 효과를 기대하고 있다.

 부여와 공주는 백제세계문화유산 등재를 계기로 대규모 국비 확보를 통해 세계적인 명소를 만들기 위해 동분서주하고 있다.

 각 지자체들은 자신들이 보유하고 있는 역사문화자산에 참신한 기획을 덧붙여 새로운 생명을 불어넣고 있다.

 필자는 지난 달 진북도의회 본회의 5분 발언을 통해 '태조 이성계 역사문화테마밸리' 조성을 주장한 바 있다.

 이미 잘 알려진 바와 같이 이성계는 전주, 전북과 많은 인연을 가지고 있다. 그의 고조할아버지인 목조 이안사가 이목대에 살았고 그가 남원 황산에서 왜구들을 크게 무찌른 후 전주 이씨 어르신들과 승전잔치를 벌인 곳이 바로 오목대이다.

그가 고려 민중들의 국민적 영웅으로 떠오른 곳이 바로 남원 황산대첩이고 "하늘의 계시를 들었다"는 곳이 임실의 상이암(上耳庵)이다.

진안 은수사에서 머물다 꿈에 왕을 상징하는 금척을 받았다는 것이 '몽금척(夢金尺)'전설이다. 장수에서는 기도를 드리다가 하늘을 보니 큰 봉황이 날아가는 것을 보았다는 '뜬봉샘'의 설화가 전해진다.

다른 지역에서는 찾아볼 수 없는 이성계의 전설과 설화가 유독 전북에 많이 남아 있는 이유는 조선의 본향을 전주라고 생각했기 때문이다.

이성계는 황산대첩을 거둔 이후 전주, 임실, 진안, 장수 등에 있는 명산을 찾아다니며 향후 자신의 갈 길에 대해 깊이 성찰하는 시간을 가지게 된다. 황산대첩을 거둔 이성계는 고려 민중들의 영웅으로 떠올랐고 개혁적 정치가들은 그가 새로운 왕조를 열어줄 것을 요청하기에 이른다.

역사적 수명을 다한 고려와 새로운 왕조 사이에서 깊이 고민했던 이성계는 전북 산야를 유람하며 무엇이 백성들을 살릴 수 있는 '시대정신'인지 깊이 반추하는 시간을 가졌으리라.

태조 이성계는 조선왕 28명 중 유일하게 전주와 전북을 다녀간 왕이기도 하다. (2018년 8월 22일)

고려말 왜구의 침입과 2019 경제전쟁

지난 2일 일본 아베 총리에 의해 단행된 '경제침략'으로 인해 한반도는 '아닌 밤중에 홍두깨'를 맞은 격이 됐다. 왜 아베가 갑자기 한국에 경제침략을 단행했는지, 앞으로 우리가 어떻게 대처해야 할지 의제를 정립해야 한다.

일본은 크게 한반도를 세 차례 침략했다.

1350년 경인년(경인왜구)이 처음이고 두 번째가 1592년에 벌어진 임진왜란이다. 1910년 한일병탄에 이어 일본이 또다시 경제침략을 단행했다.

일본이 남북조시대로 갈라져 혼란한 시기, 지방 군벌들은 해적이 되어 고려와 원나라는 물론 대만, 필리핀, 베트남까지 진출하며 노략질을 펼치게 된다. 이를 왜구라 불렀다.

이들은 1350년 경인년에 고려에 본격적으로 출몰하게 됐는데 이를 경인왜구라 한다.

당시 기록에만 530여 차례 고려를 침공했다는 기록이 있고 기록되지 않은 것을 합하면 1천회 이상이 될 것으로 추정된다.

변변한 수군이 없었던 고려는 이러한 왜구들의 침략에 속수무책이었다. 갑작스런 왜구의 침략에 고려는 당황했다.

당시 고려 조정에서는 왜구의 침략에 대비한 방비책들이 상소됐는데 크게 육방론과 해방론으로 나뉜다.

육방론은 고려에 수군이 없으니 육지에서 왜구들을 물리치자는 책략이었지만 현실적으로 실효성이 없었다.

해방론은 해군을 키워 바다에서 직접 왜군을 무찔러야 한다는 것이다. 최영 장군은 함선 2천척과 10만 수군을 양성에 일본에 대비해야 한다고 주장했다. 그러나 시간이 많이 소요된다는 약점이 있었다.

이때 등장한 것이 최무선이다.

최무선은 일생을 마쳐 화약무기 개발에 몰두했고 중국의 도움없이 고려 자력으로 신무기 개발에 성공한 것이다.

최무선은 화약무기의 '첨단부품소재'인 염초 개발에 몰두했고, 군산에서 벌어진 진포대첩에서 왜적선 500척을 불사르는 대승을 거두게 된다.

1380년 고려 장군 이성계는 남원 황산에서 왜구와 일대 전쟁을 치르게 된다. 이때 이성계는 "겁나는 사람은 물러가라, 나는 적에게 죽을 것이다"며 돌격의 리더십으로 고려 군사들을 이끌며 황산대첩을 승리로 이끌었다.

임진왜란 때도 선조는 왜구의 침략 가능성을 인지하고 있었지만 적극적으로 대처하지 않았다. 뼈아픈 대목이 아닐 수 없다. 경술국치(庚戌國恥) 때에는 외부의 침략을 막아내기에 조선의 힘이 너무 약했다.

2019년 일본 경제침략에 대해 어떻게 대비할 것인가. 아베를 비롯한 일본 국우세력의 침략의 목적은 '한국의 경제 성장을 저지하고 동북아시아의 패자로 등극하기 위함'인 것으로 보인다.

이럴 경우 당장의 외교로 해결될 것 같지는 않고 장기적인 한일간 세력 대결로 갈 공산이 커 보인다.

고려는 왜구의 침략을 극복하기 위해 수군을 강화했고 독자적인 화약무기 개발을 통해 전쟁의 승기를 잡았다.

이성계는 자신이 앞장서는 솔선수범의 돌격정신을 통한 리더십으로 고려 군사들을 이끌었고 이를 통해 황산대첩을 일구어 냈다. 이어 대마도정벌로 왜구 침략에 대해 끝장을 냈다.

첨단소재부품에 대한 국산화가 시급하고 일본제품 불매운동을 통해 한국인의 저력을 보여주는 것도 필요하다.

고려 때 군산과 남원에서 보여주었던 왜구 대응 전략이 오늘날에도 큰 교훈이 되길 기대해 본다. (2019년 8월 13일)

"전북도, 태조 이성계 활용 역사문화테마밸리 조성을"

전북도가 태조 이성계를 활용한 역사문화테마밸리 조성에 나서야 한다는 주장이 도의회에서 제기돼 눈길을 끌고 있다.

도의회 박용근(장수군)의원은 "유럽과 일본 등 문화관광의 선진국들은 역사와 설화를 소재로 한 테마관광을 통해 지역의 관광산업을 발전시켜 나가고 있다"며 "전북도가 1392년 조선을 개국한 태조 이성계를 앞세운 관광자원화에 앞장설 것"을 주장했다.

조선 28명의 왕 중 전북 땅을 밟고 다녀간 왕은 이성계가 유일하며 이성계와 관련된 전설과 설화가 존재하는 시군을 살펴보면 전주(오목대, 이목대, 경기전), 남원, 임실과 순창, 완주, 진안, 장수 등에 퍼져 있다는 것이다.

실제로 남원의 황산대첩비, 임실의 상이암, 순창의 만일사, 완주의 위봉산성 행궁터, 진안의 마이산 은수사, 장수의 뜬봉샘과 용계리 등이 있다.

이에 박 의원은 "도내 시·군들이 이성계 역사문화밸리를 만들어 이성계 역사테마로드와 역사문화관광벨트로 조성, 전주한옥마을과 연계한 1박2일 여행코스 등으로 상품을 개발하면 도움이 될 것"이라며 '이성계 역사박물관' 건립, '태조 이성계 축제'개최등도 함께 제안했다.

광주의 경우 아시아문화중심도시 프로젝트와 같은 대규모 국책 문화사업으로 오는 2023년까지 5조 3천억원의 예산이 투입되며 안동은 선비문화수련원, 선비순례길 등 '선비문화'를 통해 문화산입을 펼쳐나가고 있기 때문이다.

한편 박용근 의원은 30일 폐회하는 제354회 임시회 본회의에서 5분 발언을 통해 이같은 제안에 나설 예정이다. (2018년 7월 26일)

참고문헌

〈참고도서〉
조선국왕이야기, 임용한, 혜안, 1998
조선시대 국왕 리더십관, 김석근. 김문식.신명호, 역사산책, 2019
모멘트 리더십, 김성국, 탑북스, 2015
대학연의, 진덕수/ 이한우 옮김, 해냄, 2014
조선왕조실록1, 이덕일, 다산초당, 2018
서번트리더십, 제임스 C. 헌터, 시대의창, 1998
역사를 바꾼 50인의 위대한 리더십, 마크 로버트 폴릴, 말글빛냄, 2008
대한민국 5천년 역사 리더십을 말한다, 최익용, 옥당, 2014
리더십 모멘트, 마이클 유심, 페이퍼로드, 2017
리더십 코드, 데이브 얼리치, 나남, 2011
조선사로 본 비즈니스 전략, 석산, 북카라반, 2016
리더십의 본질, 아서 코터렐, 로저 로우, 이안 쇼 지음/ 나중길 옮김, 비즈니스맵, 2007
조선인물전, 김형광, 시아출판사, 2007
왕의 하루, 이한우, 김영사, 2012
조선의 자랑스런 전주사람들, 이희권, 신아출판사, 2015
야사로 읽는 조선왕들의 속마음, 이원준, 이가출판사, 2015

〈논문〉

태조 이성계의 어궁과 궁술에 대한 소고, 박제광, 건국대박물관, 2015
여말선초 군주수신론과 『대학연의』, 김인호, 역사와 현실, 1998
이성계 위화도회군에 나타난 리더십 모멘트 연구, 박현모, 한국학중앙연구원, 2012

〈저널〉

조선 창업자, 태조 이성계의 리더십, 김윤현, 이코노미 조선, 2014
정치가로 변신한 이성계, 김영수, 월간중앙, 2017
'용병의 신' 이성계, 나하추의 꿈을 꺾다, 임용한, 동아비즈니스리뷰, 2014
고려의 마지막 희망, 1% 부족한 리더십 최영, 박기종, 매일경제, 2018
정도전은 왜 이성계를 왕으로 만들었을까, 김종성, 오마이뉴스, 2013
이성계를 흠모하던 정몽주, 왜 돌변했을까, 김종성, 오마이뉴스, 2014
조선의 창업자로 변신한 결정적 순간, 김준태, 이코노미스트, 2012
후계 잘못 고른 태조 이성계 쿠데타에 아들 여럿 죽여, 신명호 부경대 교수, 월간중앙, 2010

〈영상자료〉

김영준의 한국사, 김영준 '태조실록' 편
인문채널휴 HUE, 임용한 '요동정벌과 위화도 회군'
박시백의 조선왕조실록, 박시백
청화수, 청화수 '태조 이성계' 편
토크멘터리 전쟁사, 국방TV '왜구' 편
KBS 역사적인 그날, '최영, 이성계와 손을 잡다' 위화도 회군의 정당성

| 저자소개 |

저자 박용근은 전북대학교에서 법학박사를 취득했고, 노무현 정부 산업자원부(정세균) 정책보좌관과 기획예산처(장병완) 장관 정책보좌관을 지냈다. 전북대학교 산학협력교수를 역임했고, 전주 한지문화축제 집행위원장을 지냈다. 현재는 전북도의원(재선)으로 활동하고 있다. 저서로는 『나는 공자를 만난다』가 있다.

이성계 리더십의 비밀

인 쇄 2020년 2월 1일
발 행 2020년 2월 5일

지은이 박용근
주 소 전북 전주시 완산구 효자로 225 전라북도의회 412호
이메일 jungcell@daum.net

인쇄처 대흥정판사
주 소 전주시 덕진구 매봉 15길 8 (금암2동)
전 화 063-254-0056
이메일 hi0056@hanmail.net

값 20,000원